Der Hundetraum
und andere Verwirrungen

DER HUNDETRAUM UND ANDERE VERWIRRUNGEN

2ª edición, incluye un CD

Fernando el Santo, 15 • 28010 Madrid
www.editorial-idiomas.es

Depósito Legal: M-50208-2000
ISBN: 84-8141-024-1

Editoras: Michaela Hueber y Sophie Caesar
Redacción: Christiane Seuthe y Sophie Caesar
Ilustración: August Alain Miret
Diseño e ilustración de cubierta: Mario Guindel

Omar
Vilata
B.

19-11-2003

Der Hundetraum

Waldemar sieht auf die Uhr an der Wand. Mein Gott! Schon fast sechs Uhr. Er hat schon den ganzen Nachmittag so langweilig gefunden. Er hat von Anfang an keine Lust gehabt. Kaffee und Kuchen bei Doris und Hermann. Herbert und Sabine sind natürlich auch da. Und Bruno und Beate sowieso. Diese Freunde von seiner Frau. Schrecklich! Und dann auch noch Raimund, ihr Friseur.

Waldemar wollte zu Hause bleiben, auf dem Sofa liegen und einfach nichts tun. Später vielleicht ein bisschen spazieren gehen. Warum nicht? Aber nicht zu Doris und Hermann!
„Natürlich kommst du mit, Schätzchen“, hat Linda um halb drei gesagt, „du kannst mich doch nicht alleine gehen lassen, und bei Doris gibt es doch immer eine so gute Torte. Die hat dir doch immer geschmeckt.“
Oh Gott! Diese Torte. Immer die gleiche Torte. Schokoladentorte. Brrr! Und danach ein süßer Likör. Aprikose oder Himbeere. Der ist noch schlimmer. Den süßen Likör hat er nie getrunken.
„Mach nicht so ein Gesicht, Liebling. Um sechs Uhr sind wir wieder zu Hause. Das verspreche ich. Zwei Stündchen, das kannst du doch machen“, hat seine Frau um halb drei gesagt, hat sich die Lippen angemalt und wieder mal viel zu viel Parfüm genommen. Aprikose, wie der Likör, pfui Teufel!
„Und beeil dich ein bisschen, in zehn Minuten gehen wir!“

Es ist nicht nur die Torte. Die Torte muss man nicht essen. Es sind diese Leute, diese Gesichter, diese Gespräche. Immer die gleichen Leute, die gleichen Gesichter, die gleichen Gespräche. Immer die gleichen Themen: Kinder und Urlaub, Urlaub und

Kinder. Die Kinder in der Schule, der Urlaub auf Teneriffa, das neue Wohnmobil von Raimund. Unser Klaus, Klavierstunde, Lena, last minute, Sebastian, seekrank...
Wie war es in Griechenland? Schön und sehr billig. Aber Bruno ist krank geworden, nicht wahr, Bruno? Ja, Beate. Und Mallorca?
Auch gut, allerdings ganz schön teuer. Aber wir sind ganz braun geworden, stimmt´s, Herbert? Ja, Sabine.
So geht das mindestens drei Stunden. Und alles natürlich mit Fotos. Hunderte von Fotos. Schau mal! Aha. Sieh mal! Ach so. Bis man alles erzählt hat. Alles über den Urlaub und alles über die Kinder. Wenn alles gesagt ist, kommen die Witze.

Waldemar sieht noch einmal auf die Uhr. So um sechs Uhr kommen normalerweise immer die Witze. Natürlich immer die gleichen Witze. Oder fast die gleichen. Trotzdem findet Waldemar die Witze noch am besten.
Aber heute gibt es nicht einmal Witze. Heute sind Träume dran. Wer hat damit angefangen? Wahrscheinlich Doris. Plötzlich hat Doris einen Traum erzählt. Und alle haben ganz fasziniert zugehört.

„Also, ich habe geträumt, dass wir von einer Reise zurückkommen. Die Reise war wunderbar, aber man freut sich natürlich auch ein bisschen auf Zuhause: auf das gute Schwarzbrot, die alten Freunde, das deutsche Fernsehen."
Alle nicken. Ja, ja, natürlich.
„Ich gehe also in die Bäckerei, aber da gibt es kein Brot. Alle Regale sind leer. Und dann rufe ich meine Freunde an, aber keiner nimmt den Hörer ab, niemand ist da. Ich mache den Fernseher an, will die Nachrichten sehen, aber alle Leute sehen so fremd aus, und ich verstehe kein Wort."

„Oh“, rufen alle, „das ist ja schrecklich!“
„Ja, und da sagt Hermann plötzlich, dass wir immer noch in Kenia sind. Noch vier Wochen! Einfach schrecklich.“

Das war Doris. Und jetzt müssen die anderen auch einen Traum erzählen. Zuerst ist Linda an der Reihe.
Sie steht in einem Raum. Es ist ein Geschäft oder eine Boutique. Plötzlich kommt ein Mann auf sie zu. Er hat eine Schere in der Hand und sieht gefährlich aus. Er ist schon ganz nah. Sie will weglaufen, aber sie kann sich nicht bewegen. Sie bekommt Panik und schreit. Der Mann lacht und sieht plötzlich nicht mehr gefährlich aus: Sie kennt ihn. Das ist doch...

Wie peinlich, denkt Waldemar, wie kann man nur solche Dummheiten träumen und dann auch noch erzählen?
Dann ist Hermann dran. Er erzählt etwas von einem Fußballspiel. Ein Finale in einem großen Stadion. Hermann schießt drei Tore. Das Publikum brüllt: Hermann vor, noch ein Tor! Er ist der große Star.
So ein Blödsinn! Ausgerechnet Hermann mit seinem Bierbauch.
Waldemar will nach Hause. Aber jetzt sehen alle ihn an. Voll Erwartung. Er hat schon den ganzen Nachmittag schrecklich gefunden. Und jetzt muss er auch noch einen Traum erzählen! Na wartet ...

„Also“, beginnt er und stützt die Arme auf den Tisch, „wenn es sein muss. Aber ich warne euch. Dies ist kein Traum, dies ist ein Albtraum. Ich habe nämlich einmal geträumt, dass ich ein Hund bin.“
„Ein Hund?“, fragen alle.

„Ja“, sagt Waldemar, „ich bin ein schöner, kluger Hund, und Linda ist mein Frauchen. Sie ist sehr stolz auf mich. Deshalb nimmt sie mich auch immer mit. Ins Büro, zum Einkaufen, zum Friseur, zu ihren Freundinnen. Und alle sagen immer, dass ich so ein braver Hund bin. Linda lächelt dann und sagt „Ich weiß“ und legt ihre Hand auf meinen Kopf. Und immer liege ich unter dem Tisch, und immer muss ich warten, und immer gibt es schreckliche Süßigkeiten.
So geht das jeden Tag. Viele Hundejahre lang. Aber eines Tages habe ich keine Lust mehr. So geht das nicht weiter. Basta.“
„Oh“, sagen alle, „und was passiert?“
„Wir gehen wieder einmal zu ihren Freunden. Ich will nicht mitkommen, ich will zu Hause bleiben. Aber ich muss mitkommen. Wie immer.
Ich glaube, wir sind hier, bei Doris und Hermann. Und ihr seid auch alle da. Wie immer. Aber diesmal ist es für mich besonders langweilig. Es gibt nicht einmal Witze. Alle reden nur und reden und reden. Und ich liege auf dem Boden und muss warten und warten.
Dann ruft man mich. Ich soll kommen und noch ein Stück Torte essen, dort unter dem Tisch. Ich stehe auf und gehe zum Tisch, ganz langsam. Alle sehen mich an, und jemand sagt wieder: „Was für ein braver Hund!“

Aber diesmal lege ich mich nicht unter den Tisch, und ich esse auch keinen Kuchen. Ich springe auf den Tisch, mit den Pfoten in die Sahne und fange an zu bellen, laut und böse. Ich belle wie verrückt. Tassen und Teller fallen auf den Boden und gehen kaputt.
Ich protestiere, protestiere gegen diese verdammte Torte, protestiere gegen diese langweiligen Nachmittage, protestiere gegen diesen grauenhaften Kaffeeklatsch, gegen mein Frauchen,

gegen ihr schreckliches Parfum, gegen diesen grinsenden Friseur. Kurz: Ich protestiere gegen dieses verdammte Hundeleben!"

„Ohhh!" rufen alle um den Tisch.

Waldemar macht eine Pause und schaut triumphierend in die Runde. Alle sehen ihn an, niemand spricht, alle sind völlig perplex. Totale Stille.

„Was ... ", sagt Doris endlich leise, „was ist denn mit Waldi los? Er hat doch noch nie gebellt."

„Und er ist auch noch nie auf den Tisch gesprungen", flüstert der Friseur, „er hat immer so brav auf dem Boden gelegen."

„Tja", sagt Linda, „ich weiß auch nicht. Er ist heute schon den ganzen Tag so unruhig. Vielleicht ist er ja krank. Ich glaube, wir gehen jetzt besser nach Hause. Schade, die Träume waren so interessant. Na ja, nächste Woche wieder. Komm, Waldi, komm zu Frauchen, hopp!"

2 Der Autostopper

Heinrich Müller ist glücklich. Endlich Ferien! Er hat lange auf seinen Urlaub gewartet.
Drei Wochen ohne Stress. Keine Firma, kein Labor, keine Experimente. Nichts!
Nur Sonne, Strand und Palmen.
Übermorgen geht es los. Eine Superreise: zwei Wochen Dominikanische Republik, Clubhotel ‚Tuttobello', alles pauschal, alles inklusive. Er braucht nichts zu tun, alles ist dort perfekt organisiert:
Jeden Morgen um neun Uhr Kontinentalfrühstück auf der Terrasse, um elf ein kleines Tennismatch mit seiner Frau, nachmittags ein Sonnenbad am Swimmingpool, danach eine Massage, und am Abend sorgen Clubanimateure für gute Unterhaltung. Alles gut geplant, aber ohne Stress.
Gerade ist er in München im Reisebüro gewesen und hat die Papiere abgeholt. Jetzt fährt er nach Hause, nach Rosenheim, einer kleinen Stadt in Bayern, eine gute halbe Stunde von München. Seine Frau erwartet ihn um ein Uhr zum Mittagessen. Er schaut auf die Uhr: drei Minuten vor halb eins.

Kurz vor der Autobahn sieht er einen jungen Mann an der Straße. Ein Autostopper.
Normalerweise nimmt Heinrich Müller niemanden mit. Man kann nie wissen. Diese Leute sehen oft so unzivilisiert aus, mit diesen langen Haaren und so unrasiert. Wahrscheinlich rauchen sie dann in seinem Auto, ohne zu fragen, und das mag er gar nicht.

Aber weil Heinrich Müller heute so gute Laune hat, will er eine Ausnahme machen.
Er hält also, öffnet das Fenster und sagt: „Ich kann Sie mitnehmen. Ich fahre aber nur bis Rosenheim."

Der junge Mann lächelt und sagt:
„Danke. Rosenheim ist besser als nichts".
Er legt seinen Rucksack in den Kofferraum und steigt ein.

Sie fahren weiter, und Heinrich Müller denkt: Der Typ ist gar nicht so unordentlich, er sieht ganz sympathisch aus.
„Wohin wollen Sie denn heute noch?" fragt er.
„Nach Italien, wenn es geht", antwortet der Autostopper.
„Aha. Und wenn es nicht geht?"
„Das macht auch nichts. Dann fahre ich morgen nach Italien. Oder übermorgen."
„Aha. Und in Italien wollen Sie wohl ans Meer?"
„Nein, diesmal nicht. Ich möchte nach Bologna und dann nach Siena und nach Perugia, wenn es geht."
„Mhm. Und was machen Sie da überall, wenn ich fragen darf?"
„Also, in Bologna habe ich Freunde, in Siena möchte ich vor allem den Dom sehen, und in Perugia gibt es im Juni ein tolles Jazz-Festival."
„Sie interessieren sich also für Kunstgeschichte und Jazz-Musik?", fragt Heinrich Müller.
„Ja", sagte der Autostopper, „das auch. Aber die Konzerte, die Kirchen und Museen, das ist vielleicht nicht das Wichtigste. Die ganze Atmosphäre in diesen Städten ist einfach großartig. Die Leute, die Bars, die Restaurants. Vor allem in Perugia. Kennen Sie Perugia?"
„Nein, ich war nur einmal ein Wochenende in Rom. Und zweimal in Mailand, auf einem Kongress", antwortet Heinrich Müller und fragt dann weiter:
„Sagen Sie mal, das machen Sie alles per Autostopp?"

„Ich glaube nicht. Ich werde auch mal einen Zug nehmen oder einen Bus. Oder ich gehe ein Stück zu Fuß."
„Aber das ist doch sehr anstrengend und unpraktisch, so zu reisen. Ich meine, immer diese Warterei. Und diese Unsicherheit...", sagt Heinrich Müller.
„Ja, das stimmt. Aber es ist auch sehr spannend. Manchmal hat man Glück, manchmal hat man eben Pech. Aber auf jeden Fall erlebt man viel. Jeden Tag passiert etwas Neues. Und man lernt viele Leute kennen. Ich spreche ein bisschen Italienisch und das kann ich so sehr gut üben."
„Aha", sagt Heinrich Müller noch einmal.
Kurze Zeit später sind sie schon in Rosenheim.
Heinrich Müller hält an einer Ampel. Der Anhalter steigt aus, bedankt sich und sagt:
„Also, wenn Sie mal Urlaub haben, fahren Sie doch auch nach Perugia! Das sind von hier gerade sechs, sieben Stunden. Sie werden sehen, es lohnt sich! Das ist wirklich ein Erlebnis!"
„Ja, ja", nickt Heinrich Müller, „das ist keine schlechte Idee. Auf Wiedersehen!"

Fünf Minuten später kommt er nach Hause. Er macht ein nachdenkliches Gesicht.
Seine Frau bemerkt es und fragt sofort:
„Es hat im Reisebüro doch alles geklappt, Heinrich, oder?"
„Ja, ja", antwortet er leise, „natürlich, ich habe alle Papiere."
„Fantastisch! Aber du freust dich ja gar nicht. Ist etwas nicht in Ordnung?"
„Doch, doch", sagt Heinrich Müller langsam und sieht aus dem Fenster, „alles ist in bester Ordnung, mein Schatz. Wirklich."

3 Das Salz auf der Pizza

An diesem Freitagabend kommt Peter spät nach Hause. Er ist müde, er hat die ganze Woche gearbeitet. Aber heute Abend ist er nicht nur müde, er ist auch traurig. Richtig deprimiert. Er ist jetzt schon fünf Monate in Berlin, aber er hat immer noch keine Freunde gefunden. Und er hat sich so gefreut auf diese Stadt. Endlich raus aus der Kleinstadt und rein in die große Metropole.

Dabei hat es gut angefangen: Er hat sofort diese Wohnung in dem Apartmenthaus in Berlin-Schöneberg gefunden. Der neue Job in der Computerfirma macht ihm auch Spaß. Und Berlin ist wirklich eine wunderbare Stadt.
Es gibt so viel zu sehen, zu hören und zu erleben: Cafés und Kinos, Kabarett und Theater, große Opernhäuser, berühmte Orchester und fantastische Galerien und Museen. Dazu Bars und Kneipen für jeden Geschmack, Tag und Nacht geöffnet. 24 Stunden rund um die Uhr ausgehen - das gibt es nur in Berlin. Aber nicht nur das Nacht- und Kulturleben in dieser Stadt ist unglaublich. Auch für Naturfreunde ist Berlin ideal. Nur wenige Kilometer vom Stadtzentrum entfernt gibt es herrliche Seen, wo man Boot fahren, baden und sich sonnen kann. Oder man geht in einen der großen Parks, die Hasenheide zum Beispiel. Alle Welt trifft sich dort. Man liest, man plaudert, man faulenzt auf den Wiesen, spielt Fußball, oder macht Picknick. Abends gibt es dann große Grillpartys.
Und am Wochenende fährt man aufs Land oder in den Grunewald. Sogar bis zur Ostsee sind es mit dem Auto nur drei bis vier Stunden.
Aber all das macht doch nur Spaß, wenn man nicht alleine ist.

Es ist wirklich absurd, denkt Peter. Man geht von seinem Dorf weg, weil man dort alles und jeden kennt, und in der Großstadt ist man dann unglücklich, weil es dort so anonym und unpersönlich ist.
Sicher, ein paar Leute hat er schon kennen gelernt: die Mitarbeiter in der Firma zum Beispiel. Sein Chef ist sehr sympathisch, und seine Kollegen sind auch nett und hilfsbereit. Zwei- oder dreimal in der Woche gehen sie mittags zusammen in die Cafeteria. Aber die Mittagspause dauert nur 45 Minuten, und man spricht auch nur über die Firma. Nach der Arbeit, um fünf Uhr, geht dann jeder schnell nach Hause. Die meisten haben Familie.
Viele seiner Kollegen wohnen außerdem in ganz anderen Stadtvierteln. Fünfzehn, zwanzig Kilometer, da ist man mit der U-Bahn leicht eine Stunde unterwegs. Die Entfernungen sind hier in Berlin extrem groß.
Aber natürlich gibt es auch andere Möglichkeiten, Leute kennen zu lernen. Man kann zum Beispiel allein ausgehen und hoffen, dass etwas passiert.
Oder man geht in eine Diskothek und flirtet ein bisschen. Aber wie anfangen?
Etwas fragen. Aber was?
Wie viel Uhr ist es? Das ist doch kindisch. Er hat selbst eine Uhr.
Hast du eine Zigarette? Ach was, er raucht ja gar nicht.
Willst du mit mir tanzen? Mein Gott, heute tanzt man in den Diskotheken doch gar nicht mehr zu zweit. Alles Unsinn! Und er ist auch gar nicht der Typ für diese Sachen.

Also vielleicht ein Sportclub. Sport verbindet, sagt man.
Peter ist nicht besonders sportlich, aber Volleyball spielt er ganz gerne. Allerdings nur ab und zu, wenn er Lust hat, nicht so

organisiert und obligatorisch dreimal pro Woche, wie das in den Clubs normal ist. Peter hat schon beruflich genug Stress und Termine.
Aber muss es denn ein Sportclub sein? Er kann sich doch auch für einen Abendkurs oder einen Workshop anmelden. Die sind zur Zeit groß in Mode. In der Zeitung gibt es ein riesiges Angebot: Sprachen lernen oder musizieren, malen oder vegetarisch kochen, Schach spielen oder meditieren. Alles, was man sich nur vorstellen kann.
Aber muss er jetzt Russisch pauken, nur weil er ein paar Leute kennen lernen will? Oder Theater spielen oder auf Bongos trommeln?
Und wer weiß, wie die Leute im Kurs sind. Vielleicht eher langweilig. Dann sitzt man Woche für Woche in einem Raum mit Menschen zusammen, die einem gar nicht so sympathisch sind und muss etwas lernen, was einen gar nicht mehr so besonders interessiert - nur weil man schon bezahlt hat. Und organisierte Gruppendynamik, die braucht Peter nicht.
Er will Freunde haben. Das muss doch auch anders gehen!

Eigentlich hat er ja schon Kontakt aufgenommen. Fast jeden Abend. Zu Hause.
Er hat mit allen möglichen Leuten über alles Mögliche diskutiert. Er hat Informationen ausgetauscht. Aber er hat niemanden wirklich kennen gelernt, ja nicht einmal gesehen.
Peter ist Informatiker und kennt sich gut mit den neuen Medien aus. Im Internet surfen, sich in ‚Chats‘ einschalten, kein Problem für ihn.
Aber da ist kein Gesicht, da ist keine Stimme. Das ist keine richtige Unterhaltung. Das ist nur Kommunikation.
Außerdem ist er nicht nach Berlin gekommen, um jede Nacht vor dem Computer zu sitzen.

Also hat er noch etwas versucht - und es hat nicht geklappt. Deshalb ist er heute Abend auch so traurig.
Er hat das eigentlich immer total dumm gefunden, aber jetzt hat er es doch selbst versucht: Er hat eine Annonce in der Zeitung aufgegeben, im Berliner Magazin ‚City'.
Natürlich hat er nicht geschrieben ‚Einsamer Wassermann sucht Fisch' oder so einen Blödsinn. Das findet er lächerlich. Er hat geschrieben, dass er neu hier ist und Leute sucht, die Lust haben, ab und zu abends auszugehen oder am Wochenende einen Ausflug zu machen. Ganz einfach.
Gestern war der Text im ‚City'. Und gestern Abend hat gleich jemand angerufen. Senta aus Berlin-Charlottenburg. Psychologiestudentin. Sie hat gesagt, dass sie in ihrer Freizeit oft ins Fitness-Studio geht und gerade dringend einen Tanzpartner sucht. Vor allem Salsa.
Eigentlich waren das ja nicht seine Hobbys und auch nicht sein Musikstil. Aber er hat gesagt, dass sie doch auf jeden Fall einen Kaffee zusammen trinken und sich mal kennen lernen könnten.
„Ja, warum nicht?", hat Senta gemeint, und sie haben sich verabredet. Für heute um halb sieben, im Café ‚Mimikry' in der Kantstraße.

Nach der Arbeit ist Peter sofort hingefahren. Er war ganz schön nervös. So ein ‚blind date', das war neu für ihn. Aber er hat sich wirklich gefreut.
Endlich ein Rendezvous.
Dann hat er gewartet, zehn Minuten, zwanzig Minuten, eine halbe Stunde. Zuerst hat er einen Kaffee getrunken, weil er einen klaren Kopf haben wollte. Dann, schon nach sieben, hat er ein Bier bestellt und dann noch eins. Er hat bis acht Uhr gewartet, aber sie ist nicht gekommen. Natürlich, hat er sich

schließlich gedacht, ich bin wahrscheinlich nicht der Einzige, den sie angerufen hat, und einer tanzt sicher gerne Salsa!

Jetzt ist Peter also wieder nach Hause gekommen, spät und traurig und müde. Müde von der Arbeit, müde vom Bier und müde vom Warten. Der Kühlschrank ist leer, er hat nichts eingekauft. Er hatte ja an ein Restaurant mit dieser Senta gedacht.
Freitagabend, normalerweise der schönste Moment der Woche. Und er sitzt da, auf seinem Sofa, und glotzt die Wand an.
Was jetzt? Im Internet surfen? Den Freitagskrimi im Fernsehen anschauen?
Nein, keine Lust. Erst einmal Musik auflegen und ausruhen. Die mexikanische Platte, die er letztes Jahr von seiner Reise mitgebracht hat. Da kann er am besten entspannen. Ein bisschen schlafen, alles vergessen und nachher den Pizzaservice anrufen.

Plötzlich klingelt es.
Hat er geträumt? Aber nein, es hat wirklich geklingelt. Ein Kollege? Die haben seine Telefonnummer, aber nicht seine Adresse. Der Pizzaservice? Aber den hat er noch gar nicht angerufen. Familie? Alte Freunde? Eher unwahrscheinlich.
Peter steht auf, geht zur Tür und öffnet.
Vor ihm, auf dem dunklen Korridor, steht eine junge Frau, die er nicht kennt. Senta, denkt er, das muss Senta sein! Ist sie doch noch gekommen?
„Senta?“, fragt er voll Erwartung.
Die junge Frau lacht.
„Senta? Nee, ich bin nicht Senta. Ich heiße Franka. Ich bin Ihre Nachbarin, ich wohne ein paar Türen weiter.“
„Ach so“, sagt Peter enttäuscht.

„Ich will nicht stören, ich wollte nur fragen, ob Sie etwas Salz haben. Ich koche gerade und habe eben gesehen, dass kein Salz mehr da ist. Die Geschäfte sind ja schon zu. Vielleicht könnten Sie..."
Diese Franka sieht unglaublich sympathisch aus.
„Aber klar", sagt Peter, „kommen Sie herein."
„Danke, das ist sehr nett."
Peter grinst.
„Ich habe zwar fast nichts in der Küche, aber Salz habe ich jede Menge."
Sie sieht sich in der Wohnung um.
„Das haben Sie hier aber schön eingerichtet!"
„Na ja", sagt Peter, während er in der Küche das Salz in eine Tasse füllt, „vieles ist vom Flohmarkt. Wie lange wohnen Sie denn schon hier?"
„Oh, schon gut zwei Jahre. Und Sie?"
„Fast fünf Monate."
„So lange schon? Ich habe Sie noch nie gesehen. Ich habe immer gedacht, hier wohnt niemand."
„Ja", sagt Peter, „das ist schon komisch hier in Berlin. Man wohnt Tür an Tür und kennt sich nicht."
„Ja", sagt die junge Frau, „das ist wirklich traurig. Aber das ist wohl so in großen Städten."
Peter hält die Tasse mit dem Salz in der Hand. Er zögert einen Moment.
„Sagen Sie mal, darf ich Ihnen etwas anbieten? Ein Glas Wein? Ich habe einen schönen Rioja aus Spanien hier."
Sie schüttelt den Kopf.
„Das ist sehr nett, aber ich muss zurück in die Küche."
Sie nimmt das Salz und geht zur Tür. Dort dreht sie sich noch einmal um.
„Aber sagen Sie mal, haben Sie denn schon gegessen?"

„Nein“, antwortet Peter, „ich bin gerade erst nach Hause gekommen und wollte nachher den Pizzaservice anrufen.“
„Schauen Sie“, lächelt Franka, „das trifft sich doch gut. Das Salz ist nämlich für eine Pizza. Ich habe eine Freundin eingeladen. Kommen Sie doch einfach rüber, wenn Sie nichts anderes vorhaben. So in einer halben Stunde.“
„Ich habe eigentlich nichts vor, aber ich will auch nicht stören.“
„Ach was, Sie stören doch nicht. Wir freuen uns. Und zu essen ist auch genug da. Machen Sie sich keine Sorgen.“
„Also gut“, sagt Peter, „ich komme wirklich gern.“
„Na also“, sagt Franka, „übrigens denke ich, dass wir uns ruhig duzen können. Einverstanden?“
„Natürlich“, sagt Peter, „kann ich noch was mitbringen?“
„Nein, das Salz war das Allerwichtigste. Ach so, den schönen Rioja, wenn du willst.“
„Das ist sowieso klar“, sagt Peter, „also bis gleich.“
Franka steht schon wieder auf dem Korridor, aber sie dreht sich noch einmal um.
„Und bring diese Platte mit. Ich wollte vorhin schon an eine andere Tür klopfen, aber dann habe ich diese Musik gehört. Die gefällt mir wirklich gut.“

Nofretete ist weg

Detektiv Murf mag Montage sowieso nicht. Wieder früh aufstehen, wieder arbeiten, wieder der ganze Stress.
Aber dieser Montagmorgen ist besonders schlimm. Nichts klappt, nichts als Ärger. Die Zeitung ist nicht im Briefkasten, die Kaffeedose ist leer, der Toaster ist kaputt.
Und jetzt ist auch noch die Nofretete weg!
Nofretete, die große Attraktion im Äygptischen Museum von Berlin!

Gerade hat die Museumsdirektion angerufen und gesagt, dass Murf sofort kommen soll.
Murf ist nicht nur Detektiv, er ist auch ein echter Kulturfreund und ... ein großer Fan von Nofretete. Er geht oft in das Museum und steht dann eine halbe Stunde vor der Statue. Diese Schönheit, diese Eleganz, dieses geheimnisvolle Lächeln; die Nofretete muss schon eine tolle Frau gewesen sein.
Und jetzt haben skrupellose Gangster sie am Sonntagabend einfach gestohlen!

Natürlich fährt Murf sofort und ohne Frühstück zum Museum und besucht den Ort des Delikts, den Skulpturensaal Nr.13.
Er notiert, dass der Alarm kaputt ist, dass ein Fenster offen steht und dass es auf dem Boden - einfach unglaublich! - die Reste eines Picknicks gibt: eine leere Flasche Wein, ein Stück Brot, ein bisschen Käse. So eine Frechheit!
Murfs Theorie: Der Gangster ist abends nach der Öffnungszeit im Museum geblieben und hat den Alarm manipuliert. Dann hat er lange gewartet, bis alles ruhig war und dabei gegessen und getrunken. Schließlich hat er die wertvolle Statue durch das Fenster mitgenommen. Draußen hat sicher jemand in einem Auto gewartet.
Welch ein Skandal!
Zu Hause sucht Murf in seinem Archiv, in dem er alle wichtigen Informationen über die kriminellen Persönlichkeiten in der Stadt hat. Er findet nur einen interessanten Kandidaten: Dagobert, genannt ‚der Mitesser', bekannt für spektakuläre Aktionen und auch für seinen guten Appetit.
Murf ruft Dagoberts Handynummer an und bittet ihn um ein kleines Interview. Dagobert frühstückt gerade. Aber er kann sofort kommen, wenn es so wichtig ist.
Tatsächlich sitzt er eine halbe Stunde später in Murfs Büro, lächelnd und natürlich mit einem Schinkenbrötchen in der Hand.

„Wie Sie vielleicht gehört haben“, sagt Murf, „hat jemand gestern Abend die Nofretete gestohlen, und wie Sie als Experte wissen, ist so etwas fast unmöglich. Aber diese Person hat auch noch Wein dabei getrunken und Sandwiches gegessen. Mit anderen Worten: Ich glaube, das können nur Sie gewesen sein!“
Dagobert lächelt immer noch.
„Moment mal, Murf, ganz ruhig! Warum denn immer ich? Gestern Abend sagen Sie? Tut mir Leid, da habe ich ein perfektes Alibi! Ich kann Ihnen genau sagen, wo ich war: Ich war bei meiner Mutter. Sie kocht so wunderbar! Wir haben den ganzen Abend gegessen und über meine Zukunft gesprochen. Schließlich war ich so müde, dass ich dort eingeschlafen bin. Und ich bin erst heute Morgen um elf Uhr wieder aufgewacht. Vor einer Stunde. Ich habe noch nicht einmal richtig gefrühstückt. Fragen Sie meine Mutter!“
„Schon gut“, sagt Murf, „das ist alles für heute. Sie können gehen.“
„Na also“, lacht Dagobert und steht auf. „Und noch etwas, Murf, ich trinke gar keinen Wein, und Käse schmeckt mir auch nicht. Haben Sie das nicht gewusst?“
„Nein, das ist mir auch total egal. Auf Wiedersehen!“
Dagobert ist wieder weg, und Murf ist ganz deprimiert. Keine Nofretete, kein Frühstück. Er glaubt immer noch, dass Dagobert die Nofretete gestohlen hat. Aber er hat keinen Beweis gegen ihn. Er muss immer an das Gespräch mit Dagobert denken. Aber alles sieht so plausibel aus, oder?
Hey, Moment mal! Natürlich! Das geht doch nicht! Dagobert hat ja einen Fehler gemacht! Also ist er es doch gewesen!
Der Fall ist gelöst, Detektiv Murf muss nur noch die Polizei anrufen. Aber das hat Zeit. Jetzt erst einmal einen großen Milchkaffee, ein frisches Croissant und die Morgenzeitung.

Die Frau in der Bar

Nein, Max ist mit seinem Urlaub absolut nicht zufrieden. Zwei Wochen ist er jetzt hier auf der Insel, aber es ist nichts Besonderes passiert, keine Abenteuer, keine Überraschungen. Und heute ist schon der letzte Abend.

Am Strand oder am Swimmingpool morgens hat er meistens Else und Werner aus Hamburg getroffen. Nachmittags hat er sich manchmal mit Petra unterhalten, einer Studentin aus Duisburg, die sich sehr für seine Arbeit in der Bank interessiert hat. Mit Toni, seinem Surf- und Tennislehrer, ist er ab und zu in die Diskothek ‚Titanic' gegangen. Aber dort war auch nie viel los. Sie haben dort nur Petra wieder getroffen und einmal sogar Else und Werner, beide ein wenig betrunken.

Auch heute Abend wird es wieder so sein. Das Hotel organisiert einen Abschlusscocktail. Morgen reisen viele Gäste ab. Ende der Sommersaison. Max hat sich schon chic gemacht, mit blauem Anzug, gelber Krawatte und seinem Lieblingsparfum „Fool Water".

Ein Blick in den Spiegel. Alles passt. Gute Figur, sehr schön, sehr sportlich, wie immer. Alles schön und gut, ja, ja. Aber wozu eigentlich? Wozu der Anzug? Wozu die Krawatte? Wozu die ganze Gala?

So toll sind die Ferien hier doch auch nicht gewesen! Und jetzt noch einmal mit Else über das Wetter plaudern und mit Petra über den Euro? Muss das sein? Genügt es nicht, dass er übermorgen in Frankfurt wieder den ganzen Tag über Kredite und Hypotheken sprechen muss - und über das Wetter?

Max sieht auf seinen Wecker. Es ist schon spät. Er seufzt und geht langsam die Treppe hinunter. Vor dem Festsaal bleibt er stehen und schaut durch die große Glastür. Es ist schon eine Menge los, viele Leute und schreckliche Musik. Er sieht zur

Bühne. Da steht Else und singt mit rotem Kopf ‚Viva España'. Karaoke, auch das noch! Nein, denkt er, das muss nicht sein. Er dreht sich um und geht. Immerhin hat er ja noch sein Mietauto. Aber wohin soll er jetzt fahren? Zur ‚Titanic'? Lieber nicht.

Egal wohin, sagt er sich und steigt ein, nur weg von hier.

Er fährt durch das Feriendorf. Leuchtreklamen, Lärm und Leute. Max hält nicht an. Er nimmt eine kleine Straße, die Hügel hinauf, in die Dunkelheit hinein. Plötzlich ist alles still. Kaum Lichter, nur der Mond über dem Meer.

Seltsam, denkt Max, nicht einmal zehn Minuten mit dem Auto, und schon ist alles ganz anders.

Er sieht ein paar Häuser an der Straße, ein erleuchtetes Schild: Bar. Er hält an und schaut durch ein Fenster. Ein einfaches Lokal, eine junge Frau hinter der Theke, die Tische fast leer, leise Musik.

Gut, denkt er, noch ein Bier, um müde zu werden. Dann fahre ich zurück und gehe schlafen.

Er geht hinein, setzt sich an die Theke und bestellt. Die Frau lächelt.

„Sie sprechen Spanisch?"

„Ja", antwortet Max, „aber leider nur ein bisschen."

„Na ja, dann können Sie ja hier üben."

„Ja, das habe ich eigentlich auch gedacht. Aber am Strand und im Hotel habe ich doch nur Deutsch gesprochen. Und man trifft ja auch fast nur Deutsche."

„Ja", sagt die Frau, „am Strand und in den Hotels. Aber sind Sie nicht einmal hinauf in die Berge gefahren, in die kleinen Dörfer?"

Max schüttelt den Kopf. „Nein, warum denn?"

„Die Landschaft ist wunderbar da oben. Und jetzt im September gibt es dort viele Feste. Weinfeste mit Musik. Die

Leute essen und trinken und tanzen auf der Straße. Als Fremder sind Sie da willkommen, und wenn Sie auch noch ein wenig Spanisch sprechen, umso besser."
„Davon habe ich im Hotel gar nichts gehört", sagt Max leise.
Die Frau zuckt mit den Schultern, trinkt einen Schluck Wein und sieht aus dem Fenster.
„Ich wundere mich über die Touristen hier", sagt sie, „alle bleiben unten in den großen Ferienzentren. Aber Swimmingpools und Hotelbars gibt es doch überall. Und selbst die Strände dort sind nichts Besonderes. Deshalb braucht man doch nicht so weit zu fliegen. Das Schöne hier, das ist doch etwas ganz anderes: die Berge, die Buchten, die Dörfer, die Leute. Es gibt hier so viel zu entdecken!"
Max weiß nicht, was er sagen soll.
„Ja, da haben Sie Recht. Aber irgendwie..., da unten am Strand, in der Hitze, denkt man nicht an sowas."
Die letzten Gäste stehen auf und verabschieden sich. Die junge Frau sieht auf die Uhr.
„Es ist schon spät", sagt sie, „ich muss jetzt schließen. Aber ich werde morgen in ein kleines Dorf fahren. Ich besuche dort Freunde. Wenn Sie Lust haben, können Sie mitkommen, damit Sie mal etwas anderes sehen."

Max sieht die Frau an. Sie trinkt lächelnd ihr Glas aus.
„Das ist sehr freundlich von Ihnen", sagt er, „aber ich fahre morgen schon. Heute ist mein letzter Tag hier."
„Schade", hört er die Frau sagen.
„Ja, wirklich schade", denkt Max und legt ein paar Münzen auf die Theke.
Draußen vor seinem Auto wirft er noch einmal einen Blick zurück. Die Frau in der Bar lächelt noch immer. Langsam gehen die Jalousien nach unten.

6 Die Pfefferminzfrau

Sie sitzt oft da vor dem kleinen Supermarkt in der Straße, wo ich seit ein paar Wochen wohne, neben sich eine Plastiktüte. Vor allem abends ist sie da. Immer auf der Stufe unter dem Schaufenster, immer mit dieser Plastiktüte.
Auf den ersten Blick sieht sie eher aus wie eine Kundin aus dem Geschäft, die sich vom Einkaufen ausruht oder die auf jemanden wartet.
Tatsächlich habe ich sie am Anfang einmal gefragt, ob ich ihr die schwere Tüte nach Hause tragen soll. Aber sie hat nur gelächelt und den Kopf geschüttelt: „Nein, nein, ich bleibe noch ein bisschen."
Dann habe ich sie immer wieder dort gesehen, und langsam ist mir die Sache klarer geworden. Aber ganz sicher war ich noch nicht.

Sie fragt niemanden, sie bittet um nichts. Vor ihr steht keine Kiste, auch kein Papier mit ein paar Worten. Manchmal streckt sie einen Arm ein wenig aus, die Hand halb offen, aber oft hat sie einfach nur den Kopf in die Hände gestützt und schaut - meistens ernst, nie bitter und manchmal richtig fröhlich.
Meistens ist sie allein. Ab und zu steht jemand bei ihr, Frauen aus dem Viertel. Sie plaudern ein bisschen. Aber ich habe anfangs nie gesehen, dass jemand ihr Geld gibt. Eines Abends habe ich es dann endlich versucht. Und so begann dieses kleine Ritual.

Ich weiß noch, ich wollte nach Hause gehen und vorher noch schnell etwas einkaufen. Vor allem Kaffee. Es ist schrecklich für mich, wenn ich am Morgen aufstehe und kein Kaffee in der Küche ist. Ohne Kaffee werde ich nicht wach. Ich wollte in den kleinen Supermarkt gehen, aber die Lichter waren schon aus, die Tür verschlossen. Kurz nach acht. Es war schon zu spät. Dann erst bemerkte ich, dass die kleine alte Frau noch da saß, unter dem Schaufenster, die Plastiktüte neben sich.

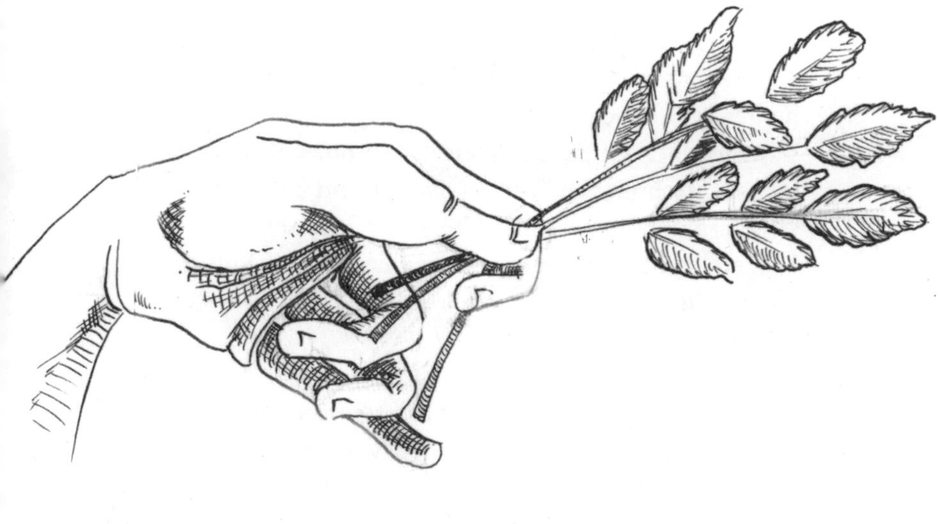

Ich blieb stehen, sagte „Guten Abend“ und gab ihr ein Geldstück.
Zuerst passierte nichts Besonderes.
Sie nahm die Münze, sah mich einen Moment an, nicht überrascht, aber auch nicht beleidigt, wie ich schon befürchtet hatte, und sagte leise: „Danke“.
Dann sah sie kurz auf die Münze, wie es viele Bettler tun, und steckte sie schnell in eine Tasche.
Die Sache war erledigt, dachte ich.
Aber als ich schon ein paar Schritte gegangen war, hörte ich ihre Stimme. Ich blieb noch einmal stehen und drehte mich um. Sie kramte in ihrer Plastiktüte und sah mich geheimnisvoll an. Ich sollte noch einmal zurückkommen.
Plötzlich hielt sie diese grünen Blätter hoch, drückte sie mir mit einem verschmitzten Lächeln in die Hand und sagte: „Pfefferminz, gut für einen Tee. Auf Wiedersehen.“
Von einem Moment zum anderen hatte sie die Rollen vertauscht.
Sie gab und ich nahm.

Seitdem hat sich dieses Ritual noch oft wiederholt. Mit mir und natürlich auch mit anderen Leuten, wie ich manchmal beobachte. Immer lässt sie einen weitergehen, immer muss man dann zurückkommen, und immer gibt es dann Pfefferminz mit diesem Lächeln. Und dieses Pfefferminzgeschenk macht ihr sichtlich großen Spaß.

Ich muss sagen, ich bin kein großer Freund von Pfefferminztee. Ich habe ihn nur einmal gemacht, damals am nächsten Morgen. Ich war froh, weil ich ja nichts zu Hause hatte. Und er war auch sehr gut.
Aber wie gesagt, ich brauche morgens einen Kaffee.

Beginn einer Liebesgeschichte

Das ist die Geschichte von Jutta und Jens.
Eine Liebesgeschichte, natürlich eine Liebesgeschichte. Besser gesagt, der Beginn einer Liebesgeschichte.
Der Anfang ist immer spannend, überraschend, geheimnisvoll. Man denkt an nichts, und plötzlich passiert es. Ein Krimi, ein Drama, ein Abenteuer. Eine Geschichte mit Gut und Böse, mit Held und Bösewicht. Ein Abend, eine Nacht, ein Wochenende. Wie es dann weitergeht, ist eine andere Sache. Und nicht unsere Sache.

Wo so eine Liebesgeschichte beginnt?
Das ist heute gar nicht so leicht. Früher hat es viele mögliche Orte gegeben. Orte für Begegnungen. Früher ist man sich in Cafés begegnet, in Tante-Emma-Läden, in Waschsalons, in Reisezügen.
Es hat viele Orte gegeben, und man hat an diesen Orten viel mehr Zeit gehabt, musste viel mehr Zeit haben. Alles dauerte länger. Essen dauerte länger, Einkaufen dauerte länger, Waschen dauerte länger, Reisen dauerte länger. Aber man war ja nicht allein. Also hat man sich angeblickt und geredet. Man hat geredet und geredet.
Heute gibt es diese Orte nicht mehr. Das heißt, es gibt sie noch, aber sie haben sich sehr verändert. Dorfplätze sind jetzt Parkplätze, die Bar an der Ecke ist ein Schnellrestaurant, und Waschsalons gibt es kaum mehr, weil fast jeder eine Waschmaschine zu Hause hat. Züge gibt es noch, aber die fahren jetzt viel zu schnell. Bis man seinen Nachbarn fragt, ob man das Fenster ein wenig aufmachen kann, ist man schon in Frankfurt, in Hamburg oder in Dresden. Und mit dem Flugzeug ist es noch viel schlimmer. Bis man alle

Plastikschachteln des Menüs ausgepackt hat und mit dem Essen fertig ist, landet man schon in Athen oder in London oder in Lissabon.
Natürlich gibt es auch neue Orte.
Das Büro, das Fitness-Studio, den Abendkurs. Aber begegnet man sich dort? Eigentlich ist man dort auch allein, allein mit seinem Computer, allein mit seinen Gewichten, allein mit seiner Italienisch-Grammatik.

Aber es gibt einen Ort, der uns immer wieder hoffen lässt: die Party.
Partys gibt es immer noch, Partys gibt es immer mehr. Die Party zum Geburtstag, die Party zur neuen Wohnung, die Party zum bestandenen Examen, die Party aus purem Spaß.
Plötzlich haben alle Zeit, plötzlich sind alle da. Neue Gesichter, neugierige Blicke, Small-talks, Hoffnungen.
Kein Zufall, dass unsere Geschichte auf einer Party beginnt.
Wessen Party? Egal. Der Grund? Total egal. Einfach eine Party, eine Party in München. Das genügt.

Es ist schon sehr spät. Die Party ist gut. Alle tanzen. Fast alle. Jens tanzt nicht. Er hat keine Lust. Er ist allein. Er ist müde. Er steht an der Wand, ein Bier in der Hand und schaut nur zu. Er hat sich auf die Party gefreut, aber er kennt niemanden. Er ist mit Tanja und Michael gekommen, seinen Nachbarn. Die beiden haben ihn mitgenommen. Jens war froh, er brauchte mal etwas Abwechslung. Jens hat sich lange mit Tanja und Michael unterhalten, über Architektur, über Großstädte, über Urbanität und Modernität. Tanja ist Ingeneurin, Michael ist Architekt. So wie Jens. Aber Tanja und Michael sind schon früh nach Hause gegangen. Sie haben ein kleines Kind, und der Babysitter kann nur bis ein Uhr bleiben.

Also steht Jens jetzt in der Dunkelheit, nippt müde an seinem Bier und schaut nur zu.

Jutta ist noch nicht müde. Sie findet die Party super. Die Musik gefällt ihr. Die alten Hits. I will survive... Sie amüsiert sich. Sie tanzt die ganze Zeit. Wie hat sie sich auf die Party gefreut! Endlich wieder eine richtige Party. Abschalten, alles andere vergessen.

Die letzte Zeit ist nicht sehr angenehm für sie gewesen. Viel Ärger, beruflich und vor allem privat. Eigentlich studiert Jutta noch. Kunstgeschichte. Siebtes Semester. Aber hier in München geht das ja nicht, einfach nur studieren. München ist zu teuer. Man muss auch jobben. Jutta arbeitet als Kellnerin. Besser gesagt, sie hat als Kellnerin gearbeitet. Vorgestern hat sie gekündigt. Dieser verdammte Chef!
Und auch privat hat sie nichts als Ärger. Immer wieder diese idiotischen Anrufe. Schluss jetzt! Nicht an die Sache denken. Sie will heute abschalten.
Sie ist allein gekommen. Sie will vor allem Musik hören und tanzen. Die Musik ist wirklich gut. I will survive.

Jens nimmt noch einen Schluck Bier. Er hält die Flasche hoch, sie ist leer. So sind Partys. Manchmal platzt der Knoten, manchmal nicht.
Ich gehe jetzt auch nach Hause, denkt er, es hat keinen Sinn, hier passiert nichts mehr.
Morgen muss er wieder früh arbeiten. Er hat ein kleines Büro, zusammen mit einem Freund. Das Büro läuft gut, es gibt viel Arbeit. Selbständig sein, das ist natürlich toll. Keinen Chef haben, alles selbst organisieren. Aber das bedeutet auch, oft am Wochenende zu arbeiten, wenn alle anderen in Ruhe ausschlafen.

Wenn er jetzt geht, kann er wenigstens noch ein paar Stunden schlafen.

Jutta ist den ganzen Abend so glücklich. Tanzen, immer nur weitertanzen. I will survive. Ab und zu ein Glas Bowle vom Büfett, plaudern mit Bekannten und Unbekannten, dann wieder auf die Tanzfläche. Die letzte U-Bahn ist sicher schon weg. Egal, ganz egal, die erste geht schon wieder um sechs Uhr. Es ist gut, alles wird gut.

Jens schaut auf die Uhr. Zehn nach drei. Die U-Bahn geht am Freitag bis drei. Zu spät, auch das noch. Egal, denkt Jens, dann nehme ich eben ein Taxi. Aber dann muss ich mich auch nicht beeilen. Noch ein kaltes Bier und tschüs.

Plötzlich ist er da. Jutta hat ihn zuerst nicht gesehen. Sie hat getanzt, mit geschlossenen Augen. Plötzlich diese Hand auf ihrer Schulter. Sie macht die Augen auf, und da steht er. Dieses Grinsen, dieses Rasierwasser, diese Stimme, diese Telefonanrufe: Axel, ihr Ex-Freund. Oh nein!

Komisch, denkt Jens, wie allein man auf einer Party sein kann. So viele Leute, und man ist doch so einsam. Einsamer als allein zu Hause vor dem Fernseher. Man sieht die lachenden Gesichter, man sieht die flirtenden Paare, und man fragt sich die ganze Zeit: Worüber reden die denn? Worüber lachen die nur? Man hat das Gefühl, dass alle anderen eine fremde, eine geheime Sprache sprechen. Schon komisch. Man steht daneben und ist doch so weit weg.

Der Ex-Freund grinst immer noch. Er will mit Jutta tanzen, er will mit Jutta reden. Aber Jutta hat absolut keine Lust. Die

Geschichte ist aus, sie hat Schluss gemacht, sie will ihn nicht mehr sehen. Nie mehr. Woher hat er gewusst, dass sie hier ist? Oder ist das ein Zufall? Egal, sie kann nur hoffen, dass der Typ wieder geht, dass er sie in Ruhe lässt, dass er endlich kapiert: Es ist aus.
Er macht sie nervös.
„Lass mich endlich in Ruhe", sagt sie und geht in die Küche.

Manchmal macht es Jens Spaß, Leute zu beobachten, auf der Straße, im Café. Ihre Gesichter. Ihre Gesten. Man kann fantasieren und sich eine Geschichte ausdenken. Einfach so. Sind die zwei ein Paar? Ist er ihr Professor? Ist das seine Frau oder seine Geliebte? Das kann ein netter Zeitvertreib sein. Aber nicht um halb vier morgens, nicht jetzt. Er hat die Nase voll vom Herumstehen und Glotzen. Noch ein Glas und dann nach Hause. Aber wo gibt es hier noch etwas Kaltes? Auf dem Tisch im Wohnzimmer steht nur noch lauwarme Bowle.

Sie hofft, dass er weggegangen ist. Ihr ist heiß. Sie hat Durst. Sie nimmt eine Flasche aus dem Kühlschrank. Plötzlich steht er in der Küche. Sie sind allein, das ist sehr unangenehm. Axel will nach Hause fahren. Mit ihr. Der spinnt doch! Sie sind nicht mehr zusammen. Warum kapiert er das nicht? Jutta will nicht mitkommen. Nein, nein, nein. Axel grinst nicht mehr. Er nimmt ihren Arm. Jutta hat Angst. Sie erinnert sich. Er kann richtig brutal sein. Endlich kommt jemand in die Küche.

In der Küche steht ein Paar, genau vor dem Kühlschrank. Auch das noch! Die Frau sieht ihn kurz an. Jens will nicht stören. Bestimmt nicht. Nur ein kaltes Bier. Nur einen Augenblick. Verzeihung! Er kann es ja dann im Wohnzimmer trinken.

Die Frau blickt ihn an und geht auf die Seite. Sehr freundlich, sehr kooperativ. Aber im Kühlschrank ist kein Bier mehr, im Kühlschrank ist gar nichts mehr. Verflixt! Wo gibt‘s denn hier noch was zu trinken? Auf dem Fensterbrett stehen viele Flaschen, aber da steht jetzt der Typ, und der sieht weniger kooperativ aus. Jens will wirklich nicht stören, er will doch nur...

Das ist meine Chance, denkt Jutta.
„Suchst du was?“ fragt sie so charmant wie möglich.
„Na ja“, sagt der Mann, „irgendwas Kaltes, ein Bier oder so, aber ich will euch nicht stören, ich gehe schon...“
„Moment mal, warte doch“, sagt Jutta schnell. Axel sieht sie böse an. Sie sieht den Mann freundlich an.
„Ich glaube, es gibt kein Bier mehr, aber hier ist noch Sekt. Ganz kalt. Ich habe ihn gerade aus dem Kühlschrank geholt.“
Sie nimmt die Flasche und gibt sie ihm.

„Danke“, sagt er, „Sekt ist auch gut.“
Was soll er jetzt tun? Fragen, ob die zwei auch ein Glas trinken wollen? Diskret aus der Küche verschwinden? Aber das macht man eigentlich nicht. Und wenn die Frau die Flasche aus dem Kühlschrank geholt hat, dann...

Der darf jetzt nicht gehen, denkt Jutta, auf keinen Fall.
„Ich hätte übrigens auch gern einen Schluck“, sagt sie schnell.
„Natürlich“, lächelt der Mann, „das habe ich mir schon gedacht. Einen Augenblick, ich suche nur die Gläser.“
Gottseidank, denkt Jutta, er bleibt hier, er lässt mich nicht allein mit Axel. Ich muss eine Unterhaltung anfangen. Irgendwie. Ganz schnell.

Jens macht die Flasche auf, pflopp, und gießt die Gläser ein.
„Na dann, Prost", sagt er.
Die Frau stößt mit ihm an, wieder dieser Blick. Der Typ schaut nur sie an und sagt gar nichts. Komisches Paar, denkt Jens, sie so freundlich, und er so ein Miesepeter. Sie scheinen Ärger zu haben. Na ja, das geht mich zum Glück nichts an, das kann mir völlig egal sein. Ich gehe ja schon.

Mein Gott, warum geht er plötzlich? denkt Jutta. Der muss doch sehen, dass hier etwas nicht in Ordnung ist. Mensch, man braucht doch Axel nur anzusehen. Der platzt doch gleich vor Wut. Diese Männer! Immer dann diskret, wenn sie mal nicht diskret sein sollen!

„Sag mal, hast du Lust zu tanzen?"
Jens lehnt schon wieder an seiner Wand. Plötzlich steht die Frau neben ihm.
„Ähm, ich wollte eigentlich gerade gehen..."
Sie lächelt.
„Jetzt schon? Aber jetzt geht die Party doch erst richtig los. Komm schon!"
Jens zögert.
„Aber ich kann überhaupt nicht Salsa tanzen."
„Ist doch egal", flüstert sie, „das ist auch gar keine Salsa, das ist Merengue. Viel einfacher. Komm schon."
Jens möchte noch etwas sagen, etwas von „Glas austrinken", „früh aufstehen", aber da sind sie schon mitten auf der Tanzfläche.

Na also, denkt Jutta. Normalerweise ist das nicht ihre Art. Aber das ist ein Notfall. Völlig egal, ob der Mann tanzen kann oder

nicht. Hauptsache, Axel sieht, dass er keine Chance hat. Dann lässt er sie vielleicht in Ruhe. Hoffentlich!
Soll sie dem Mann die Situation erklären? Jutta weiß nicht. Mal sehen.

„Und dein Freund tanzt nicht gerne mit dir?", fragt Jens, nur um etwas zu sagen.
„Doch, der tanzt sogar sehr gerne mit mir. Aber ich nicht mit ihm", sagt die unbekannte Frau, die er plötzlich in seinen Armen hält. „Er ist nicht mein Freund, er ist mein Ex-Freund, verstehst du?"
„Ach so", sagt Jens vorsichtig.
„Ja", sagt die Frau, „er hat mich hier überrascht. Gut, dass du vorhin in die Küche gekommen bist."
Sie sieht ihm in die Augen.
„Vielen Dank übrigens."
„Gern geschehen", flüstert Jens.
Jens weiß jetzt also, was los ist. Ein Spiel, und er soll mitmachen. Aber gut, er hat keine schlechte Rolle. Das Tanzen gefällt ihm, es gefällt ihm sogar sehr.
„Übrigens", sagt die Frau plötzlich, „du tanzt sehr gut, wirklich.

Siehst du den Kerl noch irgendwo?", fragt Jutta zwischen zwei Liedern.
„Nein", sagt der Mann, „vielleicht ist er gegangen."
„Ja, vielleicht, aber vielleicht kommt er auch wieder."
„Besser, ich gehe jetzt auch. Schade, das Tanzen mit dir hat richtig Spaß gemacht."

Jens fragt, ob er sie begleiten soll. Sie sieht ihn überrascht an.
„Das ist nett, aber ich will dir nicht die Party verderben."

„Aber das macht doch nichts, ich wollte vorhin sowieso gehen. Das habe ich doch gesagt."
„Wenn das so ist", lächelt sie, „ bin ich natürlich froh. Vielleicht wartet Richard nämlich unten im Auto. Das hat er früher manchmal gemacht."

Sie gehen hinunter auf die Straße. Auf der anderen Seite sieht Jutta einen schwarzen Sportwagen. Axels Auto. Sie gehen schnell weiter, sie laufen fast, bis zur Hauptstraße. Sie halten ein Taxi an und steigen ein. Jutta blickt durch das Rückfenster. Der Sportwagen ist plötzlich hinter ihnen.
„Fahren Sie so schnell wie möglich", sagt sie zum Taxifahrer, „dieser Sportwagen da, der verfolgt uns."
„Das ist ja wie im Film", lacht der Taxifahrer, „aber das schaffen wir schon."
Er gibt Gas, überholt ein paar Autos und fährt plötzlich in eine andere Straße. Er biegt noch einmal nach links, noch einmal nach rechts, dann bleibt er stehen. Sie warten eine Weile. Jutta sieht durch das Rückfenster. Kein Sportwagen. Nichts.
„Na also", grinst der Taxifahrer, „und wohin jetzt?"

„Willst du schon nach Hause?", fragt Jens.
„Ich weiß nicht", antwortet die Frau, „müde bin ich nicht. Außerdem fährt der Kerl garantiert zu mir und wartet vor der Haustür. Und du? Du wolltest doch vorhin schon schlafen gehen?"
„Ja, vorhin", sagt Jens, „jetzt nicht mehr."
„Aber hier ist doch schon alles zu", sagt sie.
Jens nimmt seinen ganzen Mut zusammen.
„Ich hätte da eine Idee. Wir holen mein Auto und machen noch einen kleinen Ausflug. Raus aus der Stadt, ins Grüne."
Er sieht sie gespannt an. Auch der Taxifahrer sieht sie gespannt an.

Was wird sie sagen? Sie lächelt geheimnisvoll.
„Das klingt gut, einverstanden."

„Übrigens, ich heiße Jens", sagt er.
„Und ich bin Jutta", sagt sie.

So, das war's.
Der Beginn einer Liebesgeschichte.
Die Helden haben sich gefunden, die Flucht ist geglückt. Sie sitzen in einem Taxi und wollen noch nicht schlafen gehen. Das Ende vom Anfang.
Ihr wollt wissen, wie es weitergeht?
Das kann man sich doch denken.
Also gut, noch ein Stückchen weiter.

Eine Stunde später sitzen die beiden an einem See im Süden von München. Jens hat natürlich an einer Tankstelle noch eine Flasche Sekt gekauft und die Decke aus dem Auto geholt. Sie erzählt ihre Geschichte, und er nickt verständnisvoll. Dann erzählt er seine Geschichte, und sie nickt verständnisvoll. Die Sonne ist schon aufgegangen. In einer Stunde wollte Jens eigentlich im Büro sein, aber das ist ihm jetzt völlig egal. Das Büro ist im Moment ganz unwirklich und sehr weit weg.

Was? Noch weiter? Das ganze Wochenende? Na gut.

Ein paar Stunden später werden sie aufwachen. Ein warmer Augustmorgen. Die ersten Sportler joggen um den See. Jutta wird eine Idee haben. Warum in München frühstücken? Warum nicht Cappuccino in Italien trinken, in Bozen oder am Gardasee? So ganz spontan. Jens tastet nach seiner Visakarte und findet die Idee toll, einfach toll. Ja, warum nicht?

Und dann? Nach dem Cappuccino in Bozen wird er natürlich vorschlagen, nach Verona weiterzufahren, das sind ja nur noch zwei, drei Stündchen oder so. Das findet sie großartig. Also Verona, und ein Prosecco auf der Piazza. Sie haben sich so viel zu sagen und zu zeigen. Architektur und Kunstgeschichte, das trifft sich wirklich gut.
Natürlich trifft es sich auch gut, dass es in der Arena von Verona im August Opern gibt. Und wahrscheinlich wird es sich auch gut treffen, dass sie einen neuen Job sucht, und er so viel Arbeit hat.

Aber Schluss jetzt! Wir hören auf, bevor es zu harmonisch wird. Wir verlassen unsere Helden, während sie an einem Sonntagnachmittag Händchen haltend zum Balkon von Romeo und Julia schlendern.
Alles Weitere ist schon nicht mehr der Beginn einer Liebesgeschichte, alles Weitere ist Spekulation und nicht mehr unsere Sache. Für uns ist die Sache erledigt.
Na ja, eine Situation könnten wir uns noch vorstellen. Eine Situation, vielleicht ein paar Wochen oder Monate später. Zum Beispiel so:

Jutta ist auf einer Party, irgendwo in München, und sie ist glücklich. Endlich einmal tanzen, endlich einmal feiern. Alles ist gut, alles ist fantastisch. Aber dann plötzlich diese Hand auf der Schulter, dieses Rasierwasser, dieses Lächeln.
Oh Gott, ihr Ex-Freund! Sie hat gehofft, ihn nie mehr wiederzusehen. Sie wird in die Küche flüchten, und er wird ihr folgen. Allein, ganz allein werden sie in der Küche stehen.
„Bitte", wird sie sagen, „es hat keinen Sinn mehr, wirklich nicht. Du weißt doch, dass es aus ist. Lass mich doch endlich in Ruhe, Jens!"

Die Sache mit dem Schwein

„Die Deutschen haben mein Schwein gestohlen“, sagte der alte Nachbar.
„Sie sind aus den Bergen gekommen. Mitten in der Nacht haben sie an die Tür geklopft, und ich habe aufgemacht. Sie haben gesagt, dass sie nur etwas trinken wollen, und ich habe sie hereingelassen. Sie haben meinen Wein getrunken, und dann haben sie das Schwein gesehen und haben es einfach mitgenommen.“
„Aber Gino“, sagte Leonardo und klopfte ihm auf die Schulter, „das ist vor vielen Jahren gewesen. Das war doch im Krieg.“
„Ich weiß, ich weiß“, nickte der Alte, „aber ich kann die Geschichte nicht vergessen.“
Cristina stellte den Topf auf den Tisch. Wieder dieser wunderbare Duft nach Knoblauch und Kräutern. Sie lächelte. Sie wusste, wie sehr ich ihre Pasta liebte.
Wir begannen zu essen, und Leonardo nahm sein Glas.
„Prost“, sagte er, „ein Prost auf die Köchin und...“, er sah zu Gino und dann zu mir, „...ein Prost auf unsere Freundschaft.“
Gino zögerte, aber schließlich nahm auch er sein Glas.
„Cin Cin“, sagte er leise, ohne uns anzusehen. Dann stellte er das Glas wieder auf den Tisch, ohne zu trinken.
Leonardo bemerkte es und zwinkerte mir zu.
Dann sprach er von dem Ausflug, den wir nachmittags vorhatten. Ein Spaziergang auf dem Monte Cucco, und dann ein Besuch bei Cristinas Eltern, Luisa und Domenico, die nicht weit von dort wohnten. Ich hatte auf ihrem Bauernhof einmal ein paar Tage verbracht und freute mich darauf, sie wiederzusehen.
Cristina und Leonardo waren wie immer großartig. Wir kannten uns jetzt seit fast zehn Jahren. Sie hatten mich schon

oft in Augsburg besucht, und ich war fast jeden Sommer zu ihnen nach Italien gekommen. Ich genoss ihre herzliche Gastfreundschaft, unsere Gespräche auf dieser wunderbaren Terrasse, Leonardos Leidenschaft für die deutsche Sprache und Literatur.

Auch diesmal war es wieder eine herrliche Zeit gewesen, und wie immer war sie viel zu schnell vergangen. Am nächsten Tag musste ich schon wieder abreisen.

„Gino“, sagte Leonardo schließlich, „warum kommst du nicht einfach mit? Luisa und Domenico würden sich freuen!“

Gino schüttelte den Kopf und stand langsam auf.

„Nein, danke“, sagte er, „sehr nett, aber ich habe noch zu tun.“

Er sah zu Cristina. „Vielen Dank für das Essen.“

Ein kurzer Blick in die Runde. „Ciau tutti.“

Nach dem Kaffee fuhren wir los. Cristina blieb zu Hause. Sie wollte noch das Brot backen, das sie mir jedes Jahr zum Abschied mitgab.

Durch das offene Autofenster betrachtete ich schweigend diese bizarren kargen Berge, die so typisch für Umbrien sind. Dabei ging mir Ginos Geschichte nicht aus dem Kopf. Auch Leonardo sagte eine Weile nichts. Schließlich sah er zu mir herüber. Er kannte mich gut genug, um zu wissen, worüber ich nachdachte.

„Denk dir nichts“, sagte er plötzlich, „Gino meint das nicht so. Er ist dir nicht böse. Er weiß selbst, dass du nichts dafür kannst. Als ich ihm erzählt habe, dass du aus Deutschland kommst, hat er sich an die Sache erinnert. Wahrscheinlich war es das erste und letzte Mal, dass er mit Deutschen zu tun hatte. Deshalb ist es das Einzige, was ihm zu Deutschland einfällt.“

Ich nickte.

„Ich weiß, ich weiß. Trotzdem, wenn man so etwas hört, möchte man etwas tun, damit es außer dieser einen Geschichte

auch noch eine andere gibt."
Leonardo lächelte.
„Ich verstehe. Außerdem - Gino ist ein prima Kerl."
„Er ist euer Nachbar, nicht wahr?"
„Ja, er wohnt auf dem kleinen Hof, den man von der Terrasse aus sieht, auf der anderen Seite des Baches. Er hat zwei, drei Felder, ein paar Hühner und einen Gemüsegarten. Das ist alles."
Den ganzen Nachmittag ging mir die Sache nicht aus dem Kopf.

Wir machten eine schöne kleine Wanderung auf dem Monte Cucco. Die Aussicht war großartig, sogar das Meer konnte man am Horizont erkennen. Wir redeten nicht viel. Das war auch nicht nötig, jeder machte sich so seine Gedanken. Es war wieder viel passiert in den letzten Tagen, und nun war der Sommer zu Ende. Morgen würde ich schon wieder ganz woanders sein, und Leonardo musste nächste Woche wieder in seiner Schule in Jesi unterrichten.
Aber vorher wollte ich noch diese Angelegenheit mit Gino erledigen.

Mit Cristinas Eltern gab es ein freudiges Wiedersehen. Domenico führte mich zur Begrüßung gleich in die ‚Cantina', seinen kleinen Weinkeller, während Luisa und Leonardo schon in das Wohnhaus gingen.
„Bissle trinken", sagte er in seinem Deutsch, das er vor dreißig Jahren als Gastarbeiter in Stuttgart gelernt hatte, und schenkte ein.
Nach der Weinprobe drehten wir eine kleine Runde. Domenico wusste, wie gerne ich mich auf dem Hof umsah: die Tiere im Stall, die Pferde auf der Wiese, der Obstgarten und schließlich der Schuppen mit den alten Weinfässern.

Und plötzlich fiel es mir ein.
Eigentlich wollte ich zuerst mit Leonardo sprechen. Aber dann dachte ich, nein, auch für ihn und Cristina soll es eine Überraschung sein.
Ich erklärte Domenico, worum es ging.
Er nickte. Er fand die Idee gut.

„Brauchst du noch etwas für deine Rückreise?", fragte Leonardo, als wir in die Küche kamen. „Sollen wir noch in Fabriano vorbeifahren?"
„Ach nein", antwortete ich, „lass uns nach Hause fahren. Domenico will mir nachher noch etwas bringen, etwas für Gino, nicht wahr Domenico?"
Domenico nickte. Es machte ihm Spaß, mein Komplize zu sein.
„So, so, und was habt ihr euch ausgedacht?", wollte Leonardo wissen.
„Lass dich überraschen!"
„Schön", sagte Leonardo schmunzelnd, „da bin ich ja gespannt. Aber nicht zu spät, Gino geht immer früh schlafen."

Es war doch spät, als es endlich klingelte. Domenico stand in der Tür und zeigte auf die Kiste hinten in seinem Jeep.
„Sogar schön verpackt", grinste er. „Kommt, steigt ein!"
Cristina und Leonardo hatten immer noch keine Ahnung.
Plötzlich hörte man hinten in der Kiste ein Geräusch. Wir begannen alle gleichzeitig zu lachen.
„Dass ich da nicht schon früher drauf gekommen bin!", wunderte sich Leonardo.

Bei Gino war es schon dunkel. Wir mussten zweimal klingeln. Dann endlich Schritte, Licht auf dem Korridor. Schließlich öffnete sich die Tür.

Gino erkannte seine Nachbarn nicht sofort.

„Was ist los?“, fragte er misstrauisch.

„Entschuldige“, sagte Leonardo, „es ist schon spät, aber unser deutscher Freund fährt morgen wieder und wollte dir vorher noch etwas geben.“

Erst jetzt sah mich Gino. Er kniff die Augen zusammen.

„Etwas geben? Was denn?“

„Mhm...“. Ich zögerte.

Gino zuckte mit den Schultern und ließ uns hinein.

Wir stellten die Kiste auf den großen Tisch in der Küche.

Gino sah uns zu, ohne sich zu rühren.

„Na mach schon“, sagte Leonardo, „schau rein. Es ist für dich. Ein kleines Geschenk, weiter nichts.“

Noch einmal zuckte Gino mit den Schultern.

„Wie du meinst“, brummte er.

Zögernd öffnete er die Kiste ein Stück und sah dann misstrauisch hinein.

Langsam, ganz langsam erhellte sich seine Miene. Ein Lächeln ging über sein Gesicht.

„Aber das ist ja...“

Ein Blick in die Runde. Er suchte nach Worten.

„Na“, half ihm Leonardo, „bekommen wir noch was zu trinken?“

„Natürlich“, sagte Gino schnell, griff nach den Gläsern hinter sich im Regal und schenkte aus der Flasche ein, die auf dem Tisch stand.

„Prost!“, sagte Leonardo. „Auf das neue Schweinchen - und auf unsere Freundschaft!“

„Cin Cin“, sagte Gino leise, blickte kurz zu mir herüber, und diesmal trank auch er.

Der Mann aus dem Westen

Udo Ritter war auf Erfolgskurs. Alles klappte, alles lief wie am Schnürchen. Den Job hatte er schon so gut wie sicher, aber jetzt wollte er noch etwas anderes.

Er konnte stolz sein, denn für die acht Stellen – Projektmanagement, Lebensmittelbranche - hatte es über achtzig Bewerbungen gegeben. Seine Voraussetzungen waren aber auch wirklich ausgezeichnet. Er hatte genau das Anforderungsprofil: Anfang 30, Uni-Diplom mit ‚sehr gut', Auslandsaufenthalt in den Staaten, Berufserfahrung.

Und auch das Bewerbungsgespräch vor zwei Wochen war gut gelaufen. Dynamisch sein, selbstbewusst, ohne arrogant zu wirken, darauf kam es heutzutage an. Und das hatte er drauf. Dieses Seminar hier war schon keine Auswahl mehr, sondern eine Einführung, eine Vorbereitung auf den Job.

„Wir wollen Sie jetzt noch besser kennen lernen", hatte in dem Einladungsbrief gestanden, „damit wir später optimal zusammenarbeiten können."

Wer zu diesem Seminar eingeladen wurde und in den drei Tagen keine groben Fehler machte, der konnte mit einer Anstellung rechnen. Das wusste er. Es gab auch nur acht Teilnehmer, Udo hatte sofort nachgezählt.

Es würde also in den Osten gehen. Der Firmensitz war zwar hier in Stuttgart, aber der Einsatzort war in Ostdeutschland, in den neuen Bundesländern. Die Leute hier auf der Straße sagten ja lieber „Ex-DDR", manchmal mit „Ex" und manchmal auch ohne.

Er selbst war noch nie *drüben* gewesen, weder vor dem Fall der Mauer noch danach. Von der DDR damals hatte er fast nichts

mitbekommen, obwohl er Familie bei Chemnitz hatte. Karl-Marx-Stadt hieß das damals noch.
Seine Mutter schickte manchmal Pakete rüber in die ‚Ostzone', und einmal pro Jahr kam ein alter Großonkel zu Besuch. Der staunte zwei Wochen, schüttelte den Kopf und reiste dann mit Wasserhähnen und Kaffeedosen im Gepäck wieder ab.
Der Rest der Familie dürfte nicht kommen, erklärten seine Eltern damals, weil die Regierung drüben Angst hätte, dass sie dann hier im Westen blieben. Bei dem Großonkel hätte die Regierung diese Angst nicht. Da wäre sie sogar ganz froh, wenn der nicht zurückkäme, weil sie dann seine Rente nicht mehr bezahlen müsste.
Udos Eltern waren ein oder zwei Mal nach Chemnitz gefahren, ohne ihn. Es war einfach zu viel Bürokratie. Nach der Wiedervereinigung war das alles kein Problem mehr, aber es hatte Udo nie gereizt. Im Urlaub fuhr er lieber nach Italien oder Griechenland.

Und nun dieses Angebot. „Pionierarbeit" nannte es der Vertreter der Firma scherzhaft. „Hier sind Sie kein kleines Rad im Getriebe, hier können Sie noch selbst gestalten und in einem kleinen Team von Spezialisten etwas Neues aufbauen." Dazu bot die Firma gute Aufstiegsmöglichkeiten, hervorragendes Gehalt und die Möglichkeit, auf Wunsch nach zwei Jahren wieder in die Zentrale nach Stuttgart zurückzukehren.
Udo hatte sich entschlossen. Im Raum Stuttgart hatte er ohnehin nichts Vergleichbares finden können. Das hatte seine Entscheidung natürlich erleichtert.

Die drei Tage Seminar waren ganz interessant gewesen. Mit Gruppenarbeit und Rollenspielen wurde Personalführung und

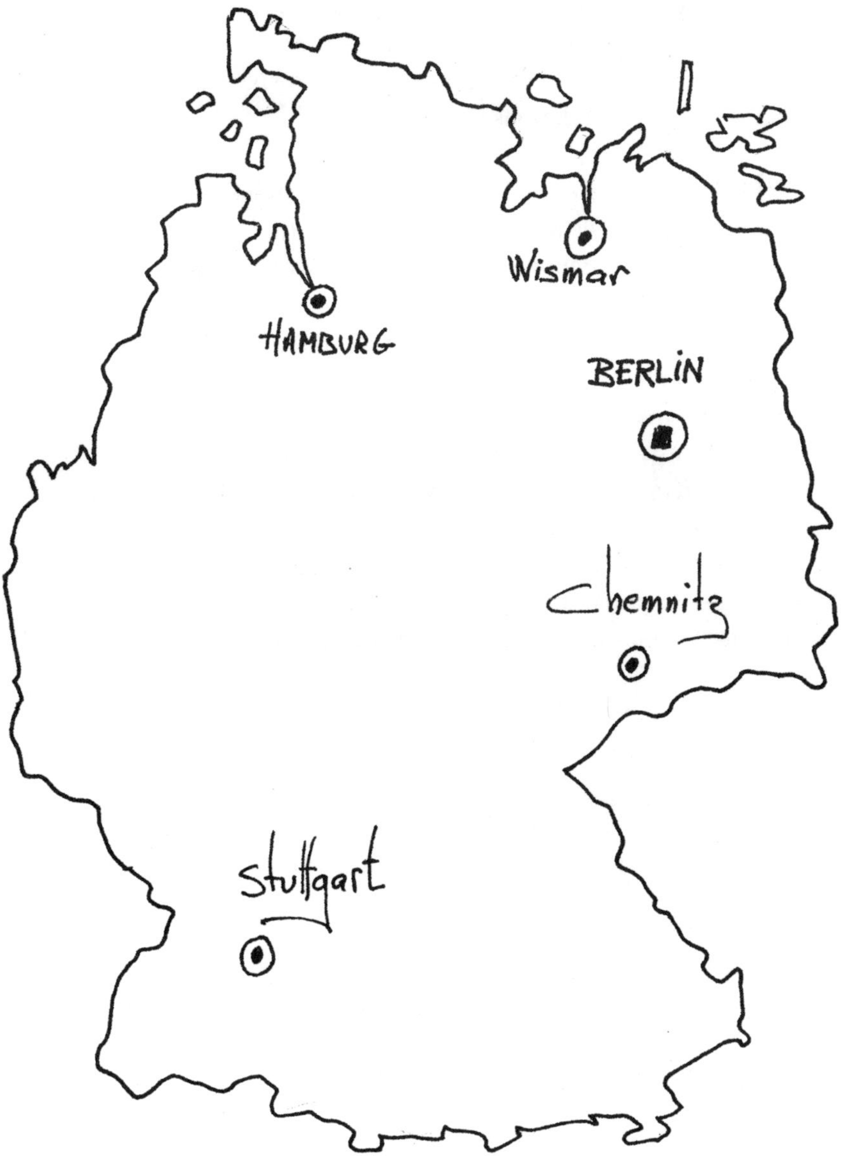
Wismar
HAMBURG
BERLIN
Chemnitz
Stuttgart

Verhandlungstechnik trainiert. Gleichzeitig wurde so die Kooperationsfähigkeit der Kandidaten getestet. Später sollten sie in zwei Teams geteilt werden, eine Gruppe für Chemnitz, die andere für Wismar. Jeweils vier Leute.

„Sie können natürlich Wünsche äußern“, sagte Herr Weiß, der Seminarleiter, „aber wir wollen auch herausfinden, wer von Ihnen gut zusammenpasst. Wir brauchen zwei perfekt funktionierende Teams.“
Nun, Udo hatte schon herausgefunden, wer gut zu ihm passte. Heike passte sogar sehr gut, fand er.
Gleich am ersten Tag kam er mit ihr bei einer Partnerarbeit zusammen. Sie mussten ein Verkaufsgespräch simulieren. Zuerst dachte Udo, er hätte leichtes Spiel, er könnte sie so mit links in die Tasche stecken. Aber dann hatte sie gekontert, diplomatisch und überraschend rigoros, und am Ende hatte er fast keine Argumente mehr. Unentschieden, würde er sagen, und der Seminarleiter hatte auch beide gelobt.

Heike hatte ihn ziemlich beeindruckt: diese schnellen, direkten Antworten, dazu dieses leichte Lächeln auf den Lippen. Wenn sie erstmal zusammen - und nicht mehr gegeneinander - spielen würden, dann wären sie ein richtig starkes Team, unschlagbar sozusagen. Da war er ganz sicher. Jetzt musste er nur noch dafür sorgen, dass sie das auch so sah.
Und das war gar nicht so einfach.
Zwei oder drei Mal waren sie noch zusammen eingeteilt, aber nicht mehr zu zweit, sondern immer zu dritt oder viert, und zwischen „Produktpositionierung auf strukturschwachem Markt“ und „AIDA-Formel: Anwendung Ost“ blieb wenig Spielraum für persönliche Fragen.

Abwarten, dachte er, alles nur eine Frage der Zeit. Immerhin, Heike hörte seinen fachlichen Ausführungen aufmerksam zu, und manchmal spürte er ihren Blick.
Der Ton bei den Diskussionen war im Allgemeinen ziemlich ernst und sehr formell. Udo fand das ein bisschen übertrieben. Sie waren doch unter sich, da konnte man doch statt „ostdeutscher Kunde“ auch mal „Ossi“ sagen und auch sonst ein paar Späße machen.
Am zweiten Abend war es ihm endlich gelungen, sich an der Hotelbar einen Platz neben Heike zu erobern. Sie war kühl, aber nicht unfreundlich, und sie sah umwerfend aus. Udo ließ seinen ganzen Charme spielen. Es musste doch möglich sein, an sie ranzukommen. Er war schließlich kein Anfänger! Aber dann kam ein Telefonanruf für sie. Heike zog an ihrer Zigarette, blies den Rauch hoch in die Luft und entschuldigte sich mit einem bedauernden Lächeln. Er blieb noch einen Moment an der Bar stehen. Es lief ganz gut. Immerhin wusste er jetzt, dass sie zur Zeit in Hamburg wohnte und bei einem internationalen Konzern gearbeitet hatte. Und er wusste, dass sie solo war. Es war also nur eine Frage der Zeit.

Der letzte Abend. Die Firma hatte zu einem Abendessen eingeladen. Udo saß neben Heike. Natürlich drehte sich das Tischgespräch wieder einmal um ihre zukünftige Tätigkeit, aber jetzt waren alle ein bisschen lockerer.
Endlich, dachte Udo, das Seminar war zwar interessant, aber doch politisch zu korrekt gewesen: der ostdeutsche Klient, Akklimatisierungsphase, Mentalitätsunterschiede. Mein Gott, war es nicht mal Zeit, die Dinge beim Namen zu nennen? Warteten da nicht alle drauf? Es sah so aus, als ob er wieder mal den Anfang machen musste.
„Wenn wir schon das Know-how rüberbringen, dann kann

man auch verlangen, dass die lernen wollen, lernen und vor allem die Ärmel hochkrempeln, auch wenn es schwerfällt, nach vierzig Jahren Dornröschenschlaf. Das ist meine Meinung."
Udo machte eine Pause und sah sich um. Zustimmendes Nicken. Die Kollegen schienen einverstanden. Endlich wurde hier mal Tacheles geredet. Man kam jetzt richtig ins Gespräch. Udo fand das großartig. Sie stammten aus allen möglichen Regionen, aus Köln, aus Bremen, aus Regensburg und hatten auch beruflich und familiär zum Teil einen ganz unterschiedlichen Hintergrund.
Aber hier bei diesem Projekt, bei dieser Expedition ins Neuland, zeigte sich jetzt, wie viel sie gemeinsam hatten. Dazu gehörten auch ein paar gemeinsame Sorgen. Weniger wegen der Arbeit, das würden sie schaffen, sie waren alle Profis. Nein, eher in Bezug auf die Freizeit, schließlich würden sie dort ja nicht nur arbeiten. Aber auch hier konnte Udo beruhigen. Ein paar Jahre waren ja nun seit dem Mauerfall vergangen. Ein bisschen mehr Infrastruktur musste es inzwischen geben und sowas wie Lebensqualität, zum Beispiel Kneipen mit guter Musik. Leute aus dem Westen gab es dort inzwischen ja auch überall. Und Mietwohnungen mit Bad.
Udo hatte jetzt die Lacher auf seiner Seite. Er sah zu seiner schönen Nachbarin. Sie hatte die ganze Zeit fast nichts gesagt, schien sich aber gut zu amüsieren, jedenfalls lächelte sie. Er wandte sich zu ihr.
„Na", flüsterte er, „was sagst du dazu? Denkst du, dass man es im wilden Osten eine Zeit lang aushalten kann?"
Sie nickte und kniff die Augen ein bisschen zusammen.
„Ich glaube schon, irgendwie wird es schon gehen. Außerdem", sie blickte ihn vielsagend an, „sind wir ja nicht alleine dort."
Udo war begeistert. Genau das hatte er hören wollen. Allmählich schien die Kühle aus dem Norden aufzutauen.

„Ja", sagte er, „das könnte wirklich eine schöne Zeit werden."
Sie stimmte zu, zog an ihrer Zigarette, blies den Rauch wieder hoch in die Luft und beugte sich leicht zu ihm herüber.
„Apropos", sagte sie leise, „für welchen Ort hast du dich denn beworben?"
Oh Mann, dachte Udo, jetzt wird es spannend. Jetzt nur keinen Fehler machen.
„Wismar", sagte er vorsichtig, „ich kenne zwar weder Wismar noch Chemnitz, aber Chemnitz wäre nicht gut, glaube ich. Familie, verstehst du? Am Ende wollen die, dass ich bei ihnen wohne, aus lauter Dankbarkeit für die Pakete damals."
Sie nickte, sie wusste offenbar, wovon er sprach.
„Und du", sagte er aufgeregt, denn jetzt würde sich gleich etwas Wichtiges entscheiden, „könntest du dir auch Wismar vorstellen?"
Sie spitzte den Mund, dann nickte sie langsam.
„Kann ich mir vorstellen, durchaus."
Na also. Sie hatte sich auch für Wismar beworben. Dann war alles in Ordnung. Dann konnte er sich jetzt definitiv auf den neuen Job freuen.
Heike stand auf.
„Also dann", sagte sie, „ich bin müde, gute Nacht."
„Ja", sagte Udo, „bis morgen dann."
Schade, dass sie schon ging. Aber das Wichtigste war geklärt und morgen bei der Abschlusssitzung würde er noch einmal Gelegenheit haben, ihre Telefonnummer zu bekommen. Der Job begann erst in sechs Wochen, aber man konnte doch in Kontakt bleiben und einiges zusammen erledigen. Zum Beispiel gemeinsam auf Wohnungssuche gehen. Nur zum Beispiel. Da sollte man nichts dem Zufall überlassen.

Am nächsten Morgen sprang Udo voll Vorfreude aus dem Bett. Schnell hinunter in den Frühstücksraum! Wenn Heike schon da war, konnten sie bei einem Kaffee bereits das eine oder andere besprechen.
Aber Heike kam nicht zum Frühstück, und sie fehlte auch bei der abschließenden Besprechung im Konferenzsaal.
„Ach ja, Heike ist schon gefahren", sagte der Seminarleiter in der Pause zu Udo, „sie hat darum gebeten, weil sie eine lange Heimreise hat. Aber sie war heute früh noch bei mir, und wir haben alles geklärt. Wenn Sie sie kontaktieren wollen, ist das kein Problem. Sie bekommen in den nächsten Tagen alle wichtigen Papiere zugeschickt, auch eine Liste mit den aktuellen Adressen Ihrer Kollegen."
Udo war beruhigt. Das war zwar nicht die feine englische Art, einfach so zu verschwinden, aber diese Frau hatte ihren eigenen Kopf. Das gefiel ihm ja gerade.
„So, meine Damen und Herren", sagte der Seminarleiter am Ende der Sitzung, „ich will Ihnen abschließend die offizielle Einteilung der Teams mitteilen. Wir haben versucht, Ihre Wünsche zu berücksichtigen. Das ist uns auch meistens gelungen, denke ich. Sie können also die Liste als endgültig betrachten und sich allmählich auf Ihren Einsatzort vorbereiten. Sie wissen ja, Sie haben noch genau sechs Wochen Zeit."
Es wurde still im Saal. Mucksmäuschenstill.
„Also, Team Wismar, das wäre Ralf Thume, Udo Ritter, ..."
Jawohl, jubelte Udo und ballte die Faust unter dem Tisch. So, und jetzt noch sie, dachte er. Er wusste es ja schon, aber er wollte es hören, offiziell und endgültig: seinen Namen und ihren Namen.
„...Sabine Liebler und Oliver Hanssen..."
Der Seminarleiter machte eine Pause.

Wie bitte? dachte Udo. Das kann doch nicht sein!

„Team Chemnitz, das sind dann logischerweise..."
Moment, Moment, dachte Udo, logischerweise? Was heißt da logischerweise?
„...Katrin Roßmann, Joachim Brunn, ..."
Man hat sie vergessen, schoss es Udo durch den Kopf, ganz einfach vergessen. Ich muss das klären. Ich werde das klären, kein Problem.
„...Heike Fuchs und Klaus Kaie. Vielen Dank."
Was? Chemnitz? Heike? Ein Irrtum. Eine Verwechslung. Ein Skandal. Udo sah sich um. Niemand widersprach. Alle schienen einverstanden. Er musste protestieren. Sofort. Zum Glück hatte er aufgepasst.
„Meine Damen und Herren, das ist alles. Es hat uns gefreut, Sie kennen gelernt zu haben, und wir freuen uns jetzt auf eine erfolgreiche Zusammenarbeit. Sie haben einen Teil der Unterlagen, der Rest wird Ihnen in den nächsten Tagen zugeschickt. Wir wünschen eine gute Heimreise, wir sehen uns in sechs Wochen. Alles Gute und noch einmal vielen Dank."
Noch bevor die meisten Teilnehmer aufgestanden waren, stand Udo schon vorne beim Seminarleiter.
„Verzeihen Sie, Herr Weiß, es gibt da eine Verwechslung. Wismar und Chemnitz. Ich meine ..."
Der Seminarleiter ordnete weiter seine Papiere und kniff jetzt fragend die Augen zusammen.
„Eine Verwechslung? Aber Sie wollten doch nach Wismar, Herr Ritter!"
„Ja, ja, wollte ich...", sagte Udo ungeduldig.
„Na also, ich verstehe nicht..."
„Aber Heike wollte auch dahin. Wismar, das hat sie mir gestern gesagt, todsicher, glauben Sie mir..."

„Herr Ritter, schon gut, Sie haben ja Recht, Frau Fuchs wollte nach Wismar...“
„Na also“, rief Udo, immer noch aufgeregt, aber schon ein wenig erleichtert, „dann müssen Sie das ändern, jetzt sofort...“
„Moment“, sagte Herr Weiß und legte Udo die Hand auf die Schulter.
„Sie haben völlig Recht, sie wollte auch zuerst nach Wismar, aber sie hat es sich anders überlegt, verstehen Sie?“
Wie? Anders überlegt? Udo verstand überhaupt nichts.
Herr Weiß sah auf seine Papiere.
„Als ich heute früh mit ihr sprach, hat sie mich um einen Wechsel gebeten. Familiäre Gründe, nehme ich an.“
Udo runzelte die Stirn. Familiäre Gründe? Was sollte das denn heißen? Herr Weiß steckte seine Papiere in aller Ruhe in den Aktenkoffer.
„Herr Ritter, Sie müssen wissen, Frau Fuchs stammt aus Chemnitz, sie hat ihre Familie dort. Offenbar möchte sie wieder in der Nähe sein. Der Wechselwunsch kam natürlich ein bisschen plötzlich, aber Frau Fuchs hat hier einen hervorragenden Eindruck hinterlassen. Deshalb sind wir ihr gerne entgegen gekommen.“
Er grinste, fast ein bisschen verlegen.
„Sie hat doch einen hervorragenden Eindruck hinterlassen, nicht wahr, Herr Ritter?“
„Doch, doch...“, stotterte Udo, „aber...“
„Na also“, sagte Herr Weiß, nahm plötzlich Udos Hand und schüttelte sie kräftig; „dann ist doch alles in bester Ordnung. Also dann, alles Gute für Wismar, Herr Ritter, toi, toi, toi!“

Um Knopf und Kragen

Schwer zu sagen, wann diese Geschichte anfängt. Vielleicht als Gustav Knupp etwas verspätet die Firma betritt und in das Gesicht des Pförtners blickt? Oder geht sie früher los, viel früher sogar? Wir jedenfalls beginnen damit, dass Gustav Knupp an diesem Morgen seine gute Krawatte nicht finden konnte.

Der Wecker klingelte, und Gustav Knupp wachte auf. Zehn vor sieben. In zehn Minuten musste er aufstehen. Er stellte den Wecker immer zehn Minuten zu früh, damit er noch ein bisschen liegen bleiben konnte. Genau zehn Minuten. Er machte dann noch einmal die Augen zu und dachte an den neuen Tag: an seine Aufgaben, an seine Termine, an seinen großen Plan. Normalerweise sprang er dann hochmotiviert aus dem Bett.

Heute war es nicht so. Er hatte schlecht geschlafen und einen seltsamen Traum gehabt: Er hatte von seinen Mitarbeitern geträumt. Das wäre eigentlich nicht schlimm gewesen, aber sie hatten mitten in seinem Schlafzimmer gestanden, am Ende seines Bettes, hatten geflüstert und klirrende Gläser in den Händen gehalten.Vor allem aber hatten sie ihn unverschämt angeglotzt. Er hatte so getan, als ob er schliefe, aber natürlich hatte er alles beobachtet, bis er auch im Traum wieder eingeschlafen war.

Knupp drehte sich noch einmal auf die andere Seite. Mein Gott, dachte er, schon wieder so ein Tag. So ein Abteilungsleitertag in einer Firma für Herrenbekleidung. Wieder einen ganzen Tag souveräner Vorgesetzter sein. Das war schon sehr anstrengend, und heute konnte es sogar ziemlich unangenehm werden.

Wenn Bronsky, dieser miese Werbetexter, heute wieder keine Resultate auf den Tisch legen konnte, dann musste Knupp ihn wohl entlassen. Das heißt, Knupp würde das dem Direktor vorschlagen, und der Direktor würde wie immer einverstanden sein, wenn er etwas vorschlug. Er sah Knupp immer nur fragend an, und Knupp bekam den arroganten Gesichtsausdruck, den er vor dem Spiegel einstudiert hatte: „Das müssen wir so machen, Herr Direktor, keine Frage..."
Der Alte räusperte sich dann normalerweise, zuckte leicht mit der Schulter und sagte, immer ein wenig geistesabwesend: „Wie Sie meinen Herr Knupp, ich bin einverstanden. Mal sehen, was sich machen lässt." Dann unterschrieb er die Papiere, die Knupp schon vorbereitet hatte.

Auch mit Dachse musste Knupp heute ein ernstes Wort reden. Dachse war Knupps persönlicher Assistent. Wie Bronsky war er unpünktlich, faul und unzuverlässig. Ein Nichtstuer, der die ganze Zeit nur telefonierte. Teure Privatgespräche. Und beide nutzten jede Gelegenheit, um sich oben mit den Sekretärinnen zu unterhalten, natürlich während der Arbeitszeit!
Knupp konnte Dachse zwar nicht entlassen, aber er konnte ihn degradieren. Raus aus dem noblen Vorzimmer. Er wusste auch schon, wohin mit ihm.
Der alte Stoffler, Pförtner und Hausbote in einem, war schon längst zu alt für den Job. Er wurde langsam, unsicher und vergesslich.
Der Dachse soll das jetzt machen, hatte sich Knupp ausgedacht, und Stoffler kann noch eine Weile die Post durchs Haus tragen. Da kann er nichts falsch machen.

Gustav Knupp seufzte und drehte sich noch einmal um. Sein Kopf tat weh.

Gestern, als er spät von der Firma nach Hause ging, hatte er sie alle im Café Blau sitzen sehen. Sie wollten ihn zu einem Bier einladen, aber er hatte nur gegrüßt und war schnell weitergegangen. Er hätte zwar gerne etwas getrunken, aber Arbeit und Freizeit, die sollte man prinzipiell trennen.
Außerdem hatte Knupp schon die unangenehme Aufgabe im Kopf, die er heute vor sich hatte.
Ja, es war nicht leicht, wenn man so viel Verantwortung trug, und Knupp hatte inzwischen so viele Kompetenzen, dass er sich selbst fast als Chef fühlte.
Der Direktor war alt und irgendwann würde er, Gustav Knupp, der Chef sein.
Bei diesem Gedanken ging ein Lächeln über Knupps Gesicht: Herr Direktor Gustav Knupp. Jawohl.
Langsam, ganz langsam kam seine Energie wieder.

Auf dem Weg zur Firma würde er erstmal einen schönen Cappuccino trinken, dazu ein Hörnchen essen und einen Blick in die Zeitung werfen. Um zehn Uhr würde er dann seinen großen Auftritt beim Chef haben, ihm sein neues Konzept für die Firma vorstellen: Personal, Image, Werbestrategien. Der Chef würde diesmal nicht nur einverstanden, er würde begeistert sein.
Und dann war da ja auch noch Lena, die neue Sekretärin des Chefs.

Gustav Knupp schlug wieder die Augen auf. Also würde es doch wieder ein großer Tag werden. Ein großer Auftritt. Eine große Rolle. Er sah auf die Uhr. Himmel, schon kurz nach halb acht. Höchste Zeit, wieder der tadellose Abteilungsleiter zu werden, sorgfältig angezogen, sorgfältig gekämmt. Es fehlte nur noch die Krawatte.

Gustav Knupp suchte überall, im Schrank, in der Schublade, sogar unter dem Bett. Wo zum Teufel waren sie nur alle? Fassungslos trat er noch einmal vor den Spiegel und starrte auf den weißen Kragen seines Hemdes. Kein Zweifel. Da saß keine Krawatte, und er musste jetzt wirklich gehen. Schon lange nach acht. Wirklich allerhöchste Zeit. Er machte den obersten Knopf zu. Der Kragen war eng, enger als sonst.
Seltsam, so etwas war ihm noch nie passiert. Und ausgerechnet heute. Verflixt und zugenäht, knurrte er, riss sein Jackett aus dem Schrank und knallte die Haustür hinter sich zu.

Als Knupp auf dem Weg zur Firma am Café Blau vorbeikam, hatte er sich schon wieder beruhigt. Er brauchte die Krawatte doch gar nicht. Er würde auch ohne Krawatte tun, was er tun musste. Er machte nur den obersten Knopf seines Hemds wieder auf, um mehr Luft zu bekommen und ging schneller, er rannte fast. Also doch kein Cappuccino.

Er wollte eigentlich grußlos an der Pförtnerloge vorbeilaufen. Jetzt hatte er wirklich keine Zeit, mit dem alten Stoffler zu plaudern.
Aber plötzlich hörte er ein seltsames Geräusch aus der Loge, wie ein leises Lachen.
Knupp blieb verwundert stehen. Das war nicht Stofflers Art.
„Einen Moment mal, Knupp!“ sagte eine Stimme.
Das war auch gar nicht Stofflers Stimme. Knupp drehte sich um.
„Ich soll Sie an Ihren Termin heute erinnern, Knupp, Sie wissen ja...“
„Was machen Sie denn hier, Dachse?“, fragte Knupp erstaunt.
Dachse saß in der Loge, die Füße auf dem Tisch, den Telefonhörer in der Hand.

„Na, was werde ich hier wohl machen? Anrufe annehmen natürlich“, - wieder dieses unangenehme leise Lachen - „und aufpassen, dass alle Mitarbeiter auch schön pünktlich sind.“ Dachse grinste.
„So wie gewöhnlich. Sie wissen ja...“
„Was soll das denn heißen, so wie gewöhnlich?“, fragte Knupp.
„Na, so wie immer, so wie jeden Morgen, das wissen Sie doch.“ Dachse grinste immer noch und sah Knupp jetzt nicht mehr in die Augen, sondern starrte auf Knupps Kragen. Auf den Kragen ohne Krawatte. Das war Knupp besonders unangenehm, denn gleichzeitig bemerkte er, dass Dachse heute eine Krawatte trug, was er sonst nie tat.
„So, jetzt wird es aber Zeit, Knupp“, sagte Dachse, während er zum Telefonhörer griff, „gehen Sie in Bronskys Büro, er wartet auf Sie. Sie wissen ja, heute... Na ja, bis später also!“

Gustav Knupp runzelte die Stirn, machte den obersten Knopf zu und ging weiter. Dachse in der Loge, das war ja Knupps Plan gewesen. Offenbar hatte der Direktor das schon verstanden und bereits Konsequenzen gezogen. Oder Dachse hatte etwas geahnt und war freiwillig gegangen. Vielleicht hatte er gedacht, dass es besser wäre, in die Loge zu wechseln als ganz rauszufliegen. Knupps Miene hellte sich wieder auf.
Eigentlich wunderbar, dachte er, das Problem mit Dachse ist also schon gelöst.
Trotzdem störte ihn etwas. ‚Gehen Sie in Bronskys Büro‘, hatte Dachse gesagt. Das war ja wohl lächerlich. Dachse verwechselte da etwas. Bronsky hatte gar kein Büro, sondern saß bei Knupp im Vorzimmer.

In dieses Vorzimmer trat Knupp jetzt ein. Kurz nach neun, niemand war da.

Typisch Bronsky, unpünktlich, obwohl er doch wusste, dass heute seine letzte Chance war. Einfach unverbesserlich, dieser Bronsky. Knupp schüttelte den Kopf und griff nach seinem Büroschlüssel, den er immer separat in der Jackentasche hatte. Er fand ihn aber nicht. Der Hausschlüssel in der Hosentasche war da, aber nicht der verdammte Büroschlüssel.
„So etwas Dummes", ärgerte sich Knupp, legte dann aber die Hand prüfend auf die Türklinke und stellte erleichtert fest, dass sein Büro nicht abgeschlossen war.

„Da sind Sie ja endlich", sagte Bronsky, als Knupp zur Tür hereinkam, und sah auf die Uhr, „Sie lassen sich ja viel Zeit. Na egal, setzen Sie sich."
„Was machen Sie denn hier?", rief Knupp entrüstet.
„Was ich hier mache?", sagte Bronsky, „ich warte auf Sie, wie verabredet. Und ich hoffe, Sie haben Ihre Arbeit erledigt."
Gustav Knupp kniff die Augen zusammen. Ruhig bleiben, dachte er er, ich muss jetzt ganz ruhig bleiben.
„Welche Arbeit soll ich erledigt haben, Bronsky?"
Jetzt kniff auch Bronsky die Augen zusammen, lehnte sich ein wenig vor und trommelte mit den Fingern auf dem Tisch.
„Ich bitte Sie, Knupp. Der Text, zwei, drei Vorschläge, ein paar Zeilen, ganz einfach. Heute ist der letzte Tag. Sie erinnern sich vielleicht."
Gustav Knupp wurde es langsam ein bisschen zu bunt.
„Bronsky", sagte er ganz ruhig, „ich weiß nicht, von welchem Text Sie sprechen. Aber ich weiß, dass in dem Schreibtisch, auf den Sie Ihre Füße gelegt haben, mein neues Firmenkonzept liegt, das ich", - er sah auf die Uhr - „in einer knappen Stunde dem Chef vorlegen werde. Wenn Sie also erlauben..."
Einen Augenblick lang schien Bronsky vernünftig zu werden. Er stand auf und kam um den Tisch herum.

Endlich, dachte Knupp. Das war zwar wieder mal ein starkes Stück von Bronsky gewesen, aber Knupp wollte sich jetzt nicht aufregen.
Bronsky hatte den Werbeslogan offenbar nicht fertig. Es war seine letzte Chance gewesen. Also hatte er aufgegeben, und Knupp würde ihn nachher in aller Ruhe entlassen.
Bronsky blieb vor ihm stehen und legte ihm die Hand auf die Schulter.
„Knupp", sagte er, „wann hören Sie endlich mit diesen Fantasien auf? Kein Mensch will ein komplettes Firmenkonzept von Ihnen. Ich habe Sie um einen kurzen Slogan für die neue Werbekampagne gebeten. Ein einfacher Slogan, das kann doch nicht so schwer sein. Und Sie hatten wirklich genug Zeit."
Mit diesen Worten schob Bronsky Knupp plötzlich zur Tür hinaus. Auch das war natürlich eine Unverschämtheit, aber Knupp war froh, dass Bronsky auf diese Weise wenigstens das Büro verließ. Knupp wollte sich endlich an seinen Schreibtisch setzen und in aller Ruhe darüber nachdenken, was hier zu tun war.
Aber im Vorzimmer zog Bronsky plötzlich einen Schlüssel heraus, schloss die Bürotür hinter sich ab und schaute auf die Uhr.
„Setzen Sie sich auf Ihren Platz, Knupp, Sie haben ja noch etwas Zeit. Um 10 Uhr will ich einen Vorschlag sehen, sonst sehe ich schwarz für Sie, rabenschwarz."
Knupp wartete darauf, dass sich Bronsky endlich für diese dummen Scherze entschuldigte und vernünftig wurde, aber Bronsky sagte nichts mehr und verließ kopfschüttelnd das Zimmer.

Knupp blieb allein im Zimmer zurück. Er rüttelte an seiner Bürotür, aber sie war verschlossen.

Natürlich, dachte er, Bronsky und Dachse. Das hätte er sich ja gleich denken können. Die hatten sich diesen schlechten Scherz zusammen ausgedacht. Dachse setzte sich frech in die Pförtnerloge, und Bronsky spielte hier im Büro den großen Chef, mit dem Mut der Verzweiflung. Wahrscheinlich hatten sie in seinen Schubladen spioniert und wussten von Knupps Vorhaben. Dann war dieses Theater auch gar nicht so spontan, sondern genau geplant. Natürlich! Gestern Abend in dem Café! Wie sie ihn angesehen hatten. Irgendwie konspirativ. Und jetzt spielten sie ihm diesen Streich, weil sie wussten, dass sie nichts mehr zu verlieren hatten.

Knupp setzte sich auf Bronskys Stuhl. Ein Blick auf die Uhr. Fast halb zehn. Stoffler musste gleich mit der Post kommen. Der hatte sicher einen Schlüssel.

Im Grunde war es gut so. Angesichts solcher Frechheiten musste es Konsequenzen geben. Endgültig. Bronsky und Dachse waren selber schuld. Man musste sich doch nur diesen Schreibtisch anschauen: Papierberge, Schmierereien, Kaffeetassen. Allein dieses Durcheinander reichte schon für Bronskys Entlassung. Knupp schüttelte den Kopf. Typisch Bronsky. Er griff in diesen Blätterhaufen und versuchte etwas zu entziffern.

‚Wenn es um Kopf und Kragen geht', stand da und ‚damit Sie nie mehr dumm aus der Wäsche schauen.'

Mein Gott. Mit solchen Sprüchen konnte man doch keine Werbung machen. Knupp nahm einen Stift und kritzelte ein wenig herum. Kopf und Kragen... Knopf und Kragen... So ein Blödsinn.

Es klopfte. Stoffler trat ein, mit der Post in der Hand.

Na also, dachte Knupp, dann kann ich mich endlich an die Arbeit machen.

Stoffler sah kurz auf und schien sich nicht weiter darüber zu wundern, dass Knupp hier im Vorzimmer saß.
„Stoffler, hören Sie, ich sitze hier..."
„Schon gut, schon gut", sagte Stoffler und lächelte zerstreut, „ich weiß Bescheid."
Knupp fiel ein Stein vom Herzen. Der gute, alte Stoffler! Aber Stoffler holte nicht den Schlüssel heraus, um die Tür zu öffnen, sondern setzte sich an einen der Tische und begann, die Briefe zu sortieren und eine Liste auszufüllen.
Er wird wirklich alt, dachte Knupp, ein guter Kerl, aber für die Firma nicht mehr zu gebrauchen.
„Sie können mir meine Post gleich hier geben", sagte Knupp freundlich. Es hatte jetzt keinen Sinn, sich aufzuregen.
Stoffler räusperte sich und nickte.
„Ja, ja. Ist aber nichts dabei für Sie, fürchte ich. Wie gewöhnlich."
„Was soll das heißen, wie gewöhnlich?", brauste Knupp auf.
„Fast alles für Bronsky, wie immer. Eine Sache für Dachse und...", - wieder dieses zerstreute Lächeln - „eine Postkarte für mich. Das ist alles", sagte Stoffler und trat an die verschlossene Tür. Knupp hielt den Atem an. Hauptsache, er konnte jetzt in sein Büro zurück. Die Post war im Moment nicht so wichtig.
Aber Stoffler schloss die Tür nicht auf, sondern warf einen dicken Stapel Briefe durch den Postschlitz in das andere Zimmer.
Vielleicht wusste Stoffler doch nicht Bescheid, dachte Knupp.
„Hören Sie, Stoffler", sagte er, „ich habe heute den Büroschlüssel zu Hause vergessen. Wenn Sie so freundlich wären..."
Stoffler sah ihn fragend an und schüttelte langsam den Kopf.
„Aber Knupp, Sie wissen doch, dass ich das nicht darf. Außerdem habe ich gar keinen Schlüssel für das Büro. Sie

wissen doch...", er zeigte auf den Postschlitz, „ die Briefe kommen da rein und fertig."
Stoffler ging durch das Zimmer und öffnete die Tür zum Gang.
Und wenn auch Stoffler, dachte Knupp plötzlich, auf der Seite von Bronsky und Dachse war? Wenn er mit ihnen unter einer Decke steckte? Oder war Stoffler wirklich schon so senil? Wie auch immer, Knupp musste vorsichtig sein.
„Schon gut, Stoffler", sagte Knupp ganz ruhig, „war ja nur eine Frage. Aber vielleicht könnten Sie mir die neue Sekretärin rufen. Lena. Ich hätte etwas zu diktieren."
Stoffler zögerte.
Ha, dachte Knupp, das war eine gute Idee, Lena rufen zu lassen. Damit hatte die Bande nicht gerechnet. Knupp hatte hier immer noch das Kommando. Auch ohne sein Büro. Und er hatte hier noch seine Komplizen.
„Die neue Sekretärin?" fragte Stoffler.
„Ja, die jetzt beim Chef im Vorzimmer sitzt. Er ist sicher damit einverstanden."
Stoffler runzelte die Stirn und schien irritiert. Plötzlich starrte auch er auf Knupps krawattenlosen Kragen.
Schon gut, dachte Knupp angriffslustig, das kennen wir ja schon.
„Ist etwas nicht in Ordnung, Stoffler?"
„Nein, nein", sagte Stoffler schnell, „also gut, ich werde sehen, was sich machen lässt. Sie entschuldigen."

Knupp blickte auf die Uhr. Viertel vor zehn. Natürlich war keine Zeit mehr, etwas zu diktieren. Er hätte auch gar nicht gewusst, was er jetzt diktieren sollte. Aber Lena hätte er gerne gesehen, nur einen Augenblick, allein. Er hätte sie gerne gefragt, ob sie sich noch an seine Einladung erinnerte.
Sie würde lächeln, ganz sicher würde sie lächeln, vielleicht ein

wenig rot werden und dann flüstern: „Aber sicher, Herr Knupp!"
„Gustav, für Sie ab jetzt Gustav", würde er zurückflüstern, und dann würde er ihr sagen, dass er bald eine neue Assistentin brauchte.
Knupp sah noch einmal auf die Uhr. Schon kurz vor zehn. Er horchte an der Tür; keine Schritte auf dem Gang. Schade, aber jetzt konnte er wirklich nicht mehr länger warten. Er musste jetzt erst einmal die Sache mit Bronsky und Dachse erledigen. Erst die Arbeit, dann das Vergnügen. Zwar ohne Papiere und ohne Krawatte, aber egal. Das Wichtigste hatte er im Kopf, und der Chef würde sowieso einverstanden sein.
In der Tür stieß Knupp fast mit Bronsky, Dachse und Stoffler zusammen. Bronsky legte seine Hand auf Knupps Arm.
„Na, Knupp, wohin denn jetzt so eilig?"
Knupp machte sich ärgerlich los.
„Sie wissen doch, dass ich einen Termin habe. Wenn Sie also so freundlich wären..."
„Aber deshalb sind wir doch hier. Bleiben Sie nur", sagte Bronsky.
Bronsky ging an Knupp vorbei, und Dachse und Stoffler blieben ungerührt in der Tür stehen. Also sollte der dumme Scherz noch weitergehen.
Was gab ihnen nur diesen Mut? fragte sich Knupp.
Bronsky setzte sich an seinen Schreibtisch und warf einen Blick auf den Zettel, den auch Knupp vorhin schon gelesen hatte.
Na ja, dachte Knupp, wenigstens scheint er sich jetzt an seinen eigentlichen Arbeitsplatz zu erinnern. Vielleicht wird er doch noch vernünftig, wenn er seinen eigenen Unfug noch einmal in Ruhe durchliest. Vielleicht konnte Knupp die Dinge hier doch noch klarstellen, bevor er zum Chef hinaufging.

„Na“, sagte Knupp zu Bronsky, „was sagen Sie dazu?“
Bronsky schien ihn nicht zu hören. Er schüttelte nur den Kopf und winkte Dachse heran.
„Dachse, lesen Sie das mal! Dafür wird Knupp nun bezahlt.“
Dachse beugte sich über den Schreibtisch.
„Knopf und Kragen“, kicherte Dachse, „ausgerechnet Knupp, wenn man ihn so anschaut...“
Sie sahen zu Knupp herüber und musterten ihn von oben bis unten. Dachse kicherte weiter, und Bronsky stand wieder auf. Knupp spürte, wie ihm das Blut in den Kopf schoss. Er griff sich an den Kragen. Er trat an den Tisch, sah von einem zum anderen. Jetzt reichte es. Endgültig.
„Ist ja gut“, schrie er, „ich weiß, dass ich heute keine Krawatte trage. Das ist ein Mangel, den ich gerne zugebe und für den ich die volle Verantwortung übernehme. Aber das ist kein Grund, sich so zu benehmen. Wenn Sie glauben, Sie könnten diese kleine Fahrlässigkeit meinerseits ausnützen, um einen solchen Affenzirkus zu veranstalten, dann haben Sie sich gewaltig getäuscht. Ich erwarte, dass jeder sofort wieder an seinen Platz geht!“
In diesem Moment spürte Knupp, wie sich eine Hand auf seine Schulter legte. Einen Augenblick glaubte er, dass sie ihm an den Hals wollte. Aber die Hand drückte ihn nur sanft auf den Stuhl an Bronskys Schreibtisch und blieb auf seiner Schulter liegen.
„Wissen Sie, Knupp“, sagte Bronsky, „wenn es nur die Krawatte wäre...“
Knupp kniff die Augen zusammen und sah an sich herab. Erst jetzt bemerkte er, dass er nicht sein feines, graues Jackett anhatte, sondern einen alten muffigen Lappen, den er schon seit Jahren nicht mehr trug. Knupp wollte aufstehen und protestieren, aber die Hand auf seiner Schulter drückte ihn wieder auf seinen Stuhl zurück.

„Jeder wieder auf seinen Platz", hörte er eine hämische Stimme. Bronsky und Dachse lehnten sich über den Tisch, und Dachse lachte ihm immer noch frech ins Gesicht.
Knupp holte tief Luft, und in diesem Augenblick kam ihm ein unglaublicher Gedanke.
Natürlich, der Traum! Diese grinsende Bande an seinem Bett! Und wenn es kein Traum gewesen war? Wenn das hier kein Scherz war, sondern eine ausgemachte Verschwörung? Wenn sie ihm gestern vom Cáfe aus gefolgt und in seine Wohnung eingedrungen waren, Krawatte und Büroschlüssel gestohlen und das Jackett vertauscht hatten?
Dann war das Ganze nicht nur ein kleiner Streich zum Abschluss, sondern ein Versuch, Knupps Gang zum Chef, ihren Untergang, mit allen Mitteln zu verhindern. Natürlich! Die Krawatte, das Jackett, die verschlossene Tür, alles gehörte zu diesem Plan. Man versuchte, ihn lächerlich zu machen. In diesem Anzug konnte er, der Tadellose, dem Chef nicht unter die Augen treten.
Aber so leicht würde Knupp nicht aufgeben. Was war mit Stoffler? Knupp versuchte, sich noch einmal den Traum zurückzurufen: Er sah Bronsky und Dachse an seinem Bett, aber an den braven Stoffler konnte er sich nicht erinnern. Vielleicht war er doch noch auf seiner Seite.
„Stoffler", rief er, „wo sind Sie denn?"
In diesem Moment erschien Stoffler zwischen Dachse und Bronsky.
„Stoffler, sagen Sie doch endlich etwas!"
„Was soll ich denn dazu sagen?" fragte Stoffler und zuckte leicht mit der Schulter, „ich bin mit allem einverstanden."
Knupp wurde es unheimlich. Das war doch nicht Stoffler, ganz und gar nicht.
„Sie sollten doch Lena rufen. Wo ist sie denn?"

Stoffler räusperte sich.
„Ich konnte sie nirgends finden. Fräulein Lena ist nicht da“, sagte er, „vielleicht ist sie ja auf Dienstreise, wer weiß.“
Oh Gott, dachte Knupp, dann bin ich hier wirklich ganz allein.
Bronsky zeigte plötzlich wieder auf die Papiere auf dem Schreibtisch.
„Sind Sie wirklich sicher, dass Sie das schaffen werden?“, fragte er.
„Ganz sicher“, wollte Knupp grimmig brüllen, „das werden Sie schon sehen!“
Aber bevor Knupp den Mund aufmachen konnte, sagte Dachse: „Ganz sicher. Kein Problem“, und lachte wieder sein leises Lachen. Knupp zuckte zusammen.
„Es wird Sie nicht mehr überraschen, Knupp“, fuhr Bronsky fort, „wenn ich unter diesen Umständen einen dringenden und längst überfälligen Wechsel vorschlage: Dachse wird Ihren Job übernehmen, Stoffler soll unten an der Pforte bleiben, und Sie, Knupp, sind ab morgen der Hausbote.“
Unglaublich, dachte Knupp, einfach unglaublich. Er wartete immer noch darauf, dass dieses Theater endlich aufhörte. Licht aus. Vorhang. Ende der Vorstellung. Aber nein, es ging weiter und ihm wurde jetzt ein wenig schwarz vor Augen.
Man muss diesem Spuk ein Ende machen, dachte Knupp. Keine langen Reden mehr, einfach aufstehen und zum Chef gehen. Aber er spürte, dass diese Hand immer noch schwer und bedrohlich auf seiner Schulter lag. Er atmete tief durch und wollte noch einmal scharf protestieren. Aber die Worte kamen ihm kaum über die Lippen. „Krawatte, Schlüssel, Chef“, hörte er sich stottern. Dann die Stimme von Bronsky: „Da müssen Sie mit mir reden, wann werden Sie das endlich begreifen?“
Knupp rieb sich die Augen und sagte nichts mehr.

„Heute haben Sie noch frei, Knupp“, sagte Bronsky jetzt, „gehen Sie nach Hause, und beruhigen Sie sich. Sie werden sehen, morgen wird alles wieder in Ordnung sein.“
Knupp sah noch einmal auf. Er versuchte, Bronsky mit seinem Blick zu fixieren. Aber Bronsky drehte sich um, und Knupps Blick fiel starr über dessen Schulter zum Fenster hinaus. Vielleicht hatte Bronsky Recht. Vielleicht war hier heute wirklich nichts mehr zu machen. Ohne Schlüssel und ohne Krawatte, mit schäbiger Jacke und zerfetztem Kragen - und dazu eine ganze Verschwörung gegen sich. So konnte er nicht zum Chef gehen, und so würde er auch bei Lena keine gute Figur machen. Diese Narren dachten offenbar noch lange nicht daran, wieder Vernunft anzunehmen.
Vielleicht sollte er sie heute einfach mal spinnen lassen, ausnahmsweise. Er konnte sich hier im Moment nur lächerlich machen, und das hatte er doch gar nicht nötig. Besser, er machte jetzt gute Miene zum bösen Spiel und ging einfach nach Hause, und zwar sofort.
„Meine Herren“, Knupp stand auf, und diesmal hielt ihn keine Hand mehr zurück, „morgen sehen wir uns wieder.“
„Na also“, lächelte Bronsky, „und Sie werden sehen, alles wird wieder in Ordnung sein.“

Unter diesen Umständen fällt es vielleicht schwer zu glauben, dass Gustav Knupp bereits kurze Zeit später seine gute Laune wiederfand.
Aber kaum hatte er das Firmengebäude verlassen und war in die warme Vormittagssonne getreten, da setzten sich plötzlich die Bilder zusammen, die Rätsel lösten sich auf, und die Gespenster verschwanden. Es war nur ein einfacher Gedanke, der ein völlig neues Licht auf die Geschehnisse dieses Morgens warf: Stoffler hatte doch im Zusammenhang mit Lena etwas

von Dienstreise gesagt, und Bronsky hatte immer nur gegrinst, wenn Knupp vom Chef gesprochen hatte.
Plötzlich sah Knupp die Sache klar: Die drei hatten sich diesen Spaß erlaubt, weil sie wussten, dass der Chef heute nicht da war. Offenbar eine unvorhergesehene Dienstreise, und Lena hatte er mitgenommen. Sicher hatte der Chef deshalb für Knupp eine Nachricht hinterlassen, aber statt ihm das mitzuteilen, hatte sich die Bande diesen Scherz ausgedacht. Wenn die Katze nicht da ist, tanzen die Mäuse. So einfach war das.
Aber war dann der Streich wirklich so schlimm gewesen? Oder hatte Knupp da selbst ein bisschen übertrieben, noch benebelt von dem bösen Traum der letzten Nacht? Denn dass es ein Traum gewesen war, auch da war sich Knupp jetzt wieder sicher. Einbruch, so ein Unsinn!
Die Lösung war so einfach: In der Eile hatte er das alte, das falsche Jackett angezogen, und der Büroschlüssel befand sich natürlich in der Tasche des anderen, des eleganten Jacketts. Kein Einbruch und keine grinsenden Gestalten in seinem Schlafzimmer. Und die Krawatte, die würde er wahrscheinlich nachher gleich finden, wenn er nach Hause kam.
Die ganze Verschwörungstheorie brach also zusammen. Zurück blieb ein harmloser, kleiner Streich, und morgen, da hatte Bronsky durchaus Recht, morgen würde wieder alles in Ordnung sein.
Der Bronsky und der Dachse, dachte Knupp wieder souverän lächelnd, irgendwie waren das schon lustige Typen. Der Scherz hatte ja auch etwas Sympathisches gehabt, eigentlich wirklich witzig. Und er, Abteilungsleiter Gustav Knupp, war kein Spielverderber gewesen. Er hatte mitgespielt und ihnen sozusagen den letzten Wunsch erfüllt, nämlich einmal Chef zu sein und ein bisschen auf die Pauke zu hauen.

Knupp war bei dieser Betrachtung der Dinge schon wieder so guter Laune, dass er keineswegs mehr auf dem schnellsten Weg nach Hause gehen wollte. Gerade jetzt nicht, da er am Café Blau vorbeikam. Die Zeitung fiel ihm ein, der Cappuccino, das Hörnchen, alles, was er heute früh versäumt hatte. Jetzt hatte er alle Zeit der Welt, und die schreckliche Jacke konnte er ja ausziehen.

Gustav Knupp trat in das Lokal. Dämmriges Licht. Einen Augenblick senkte sich die Müdigkeit wieder über ihn, die Gespenster kehrten zurück. Und wenn es doch ein Komplott war? Wenn der Spuk morgen nicht vorbei war?

Nein, beruhigte er sich, er musste nachher nur die Krawatte finden und das schöne Jackett und dann früh schlafen gehen, den Wecker auf zehn vor sieben gestellt. Alles würde gut werden.

Er setzte sich an die Theke, schlug die Zeitung auf und murmelte: „Einen Cappuccino, bitte."

Neuigkeiten, Nachrichten, Sensationen. Mein Gott, dachte er, was nicht alles passiert auf der Welt, an einem einzigen Tag. Er wollte nach der Tasse greifen, aber plötzlich standen zwei Sektgläser vor ihm.

„Doch keinen Sekt", sagte er, ohne von der Zeitung aufzublicken, „ich wollte einen Cappuccino!"

„Aber das habe ich Ihnen doch versprochen", hörte er eine Stimme hinter der Zeitung sagen. Knupp hielt inne. Die Stimme kam ihm bekannt vor.

Er sah auf. Da stand die Kellnerin hinter der Theke, mit einer Sektflasche in der Hand.

„Lena", flüsterte Knupp, „was machen Sie denn hier?"

„Das war doch so ausgemacht", sagte Lena erstaunt und wurde ein wenig rot, „ich wollte Sie auf ein Glas Sekt einladen, wenn man Sie heute Morgen doch nicht entlässt. Erinnern Sie sich nicht?"

Sie schenkte ein und sah ihn fragend an.
„Es ist doch alles gut gegangen, oder etwa nicht?"
„Ja, ja, doch, schon", stotterte Knupp und nahm zögernd sein Glas.
„Na also", lächelte Lena und zwinkerte komplizenhaft.
Die Gläser klirrten. „Auf Ihr Wohl, Gustav, alles wird gut!"

Paule

„Sind Sie Stefan?“, fragte die Stimme am Telefon. Es war die Stimme einer alten Frau.
„Ja“, sagte ich und überlegte, wer das sein könnte. Ich hatte keine Ahnung.
„Ich rufe Sie an, um Sie zu benachrichtigen... Ich wollte Ihnen sagen, dass...“, die Stimme brach einen Moment ab, „dass mein Mann gestorben ist.“
Ich wusste immer noch nicht, mit wem ich sprach. Sie sagte ‚Sie‘, also war sie keine Verwandte. Eine Nachbarin? Das kam eigentlich auch nicht in Frage. Sie hat sich vielleicht verwählt, fiel mir ein. Aber auch das konnte nicht sein. Sie hatte ja nach meinem Namen gefragt.
„Das tut mir sehr Leid“, sagte ich, aus Höflichkeit und um Zeit zu gewinnen, „aber...“
Endlich verstand die Frau.
„Der Paul“, sagte sie, „Sie werden sich doch noch an den Paul erinnern.“

Der Paule. Natürlich. Mein Zimmernachbar im Krankenhaus. Das war vor vier Wochen gewesen. Auch die Stimme bekam jetzt ein Gesicht. Die Frau mit den roten Wangen, die ein paar Mal gekommen war. Die kleine, dicke Frau und daneben der lange, dünne Paul.
Als ich entlassen wurde, hatte ich ihm noch versprochen, ihn zu besuchen.
„Schon gut“, winkte er ab, „aber das ist wirklich nicht nötig. Krankenhäuser und Friedhöfe, das ist nichts für junge Leute.“
Trotzdem wollte ich ihn wiedersehen. Aber dann gab es in der Universität viel zu tun, und an den Wochenenden war ich nicht in Berlin. Ich dachte natürlich, ich hätte noch Zeit.

„Und ich habe ihn nicht mehr besucht“, sagte ich leise, als ob ich mich entschuldigen wollte.
„Schon gut“, sagte sie, „es ist sehr schnell gegangen. Schon letzte Woche. Er wollte einfach nicht mehr.“
Da hatte sie Recht.
„Mein Gott“, hatte er immer wieder gesagt, „ich bin jetzt über achtzig. Was soll ich da noch operiert werden. Das lohnt sich doch gar nicht mehr. Ich habe ein schönes Leben gehabt. Und jetzt ist‘s genug. Macht auch nichts. Lasst mich doch in Ruhe. Es ist gut.“
Das war Paule. Einfach unglaublich. Kein Jammern, kein Klagen, keine Illusionen. Man solle ihn in Frieden lassen und basta.

„Und die Beerdigung?“, fragte ich.
„Die war vor drei Tagen. Es war nur ein Freund von ihm da. Und ich. Aber auch das wollte er so.“
Eine kleine Pause entstand.
„Ich wollte Sie auch noch fragen“, fuhr sie dann fort, „ob Sie in den nächsten Tagen hier vorbeikommen könnten. Ich soll Ihnen etwas geben. Es ist wegen Paul.“
„Selbstverständlich“, antwortete ich, ohne weiter zu fragen. Es hatte mit Paul zu tun, das genügte. Sie gab mir die Adresse, Wildenbruchstraße 32 in Neukölln, einem der Arbeiterviertel von Berlin. Ich erinnerte mich. Von seinem ‚Kiez‘ hatte er oft gesprochen.
„Ich rufe Sie vorher an“, sagte ich noch.
„Nicht nötig, ich bin fast immer zu Hause“, sagte sie und legte auf.

Paule. Vier Tage und vier Nächte waren wir zusammen in dem Zweibettzimmer gewesen. Ich hatte eine kleine Operation hinter mir und hoffte, bald nach Hause zurückzukehren. Mein bisheriger Nachbar kam auf eine andere Station. Ein vornehmer Herr, der mir jeden Tag seine Krankengeschichte erzählt hatte. Einen Nachmittag war ich allein, und dann, schon spätabends, brachten sie Paule herein. In der Dunkelheit konnte ich ihn zuerst kaum erkennen, nur den Schatten einer großen, schlanken Gestalt. Ich sagte nichts. Vielleicht schlief er ja.

Aber plötzlich begann er, leise eine Melodie zu pfeifen. Ich kannte sie, ich hatte sie vor Jahren einmal auf der Gitarre gespielt. Nur der Name fiel mir nicht mehr ein. Als er eine Pause machte, fragte ich ihn danach. Er nannte den Titel.

„Kennen Sie es?"

„Ja, ich habe es früher auf der Gitarre gespielt."

„Ah", sagte er interessiert, „Sie spielen Gitarre?"

„Nein, leider nicht mehr. Ich hatte zwei Jahre Unterricht, aber dann habe ich wieder aufgehört."

„Schade", sagte er. „Ich habe Klarinette gespielt. Das hat mir immer Spaß gemacht."

Er schwieg, dann fügte er hinzu: „Und sie hat mir auch Glück gebracht, die Klarinette, und ganz besonders dieses Lied."

Die Konturen wurden jetzt deutlicher. Ich sah ihn im Dunkeln lächeln. Das war das erste Mal, dass er von Spaß sprach, von seinem Spaß und von seinem Glück. Ich wartete darauf, dass er weiterredete, aber er sagte nichts mehr. Stattdessen begann er wieder zu pfeifen.

„Wieso Glück?", fragte ich neugierig.

„Ach, das ist eine alte Geschichte."

„Erzählen Sie doch mal!", forderte ich ihn auf.

„Wenn Sie wollen“, sagte er. Dann erschien wieder dieses Lächeln auf seinem Gesicht. „Zeit haben wir ja hier, zumindest ein paar Tage noch, und offenbar können ja auch Sie nicht schlafen.“

Er setzte sich ein wenig auf.

„Das war im Krieg, hier in Berlin, Januar 41. Eines Morgens mussten alle Männer Jahrgang siebzehn in die Kaserne kommen, mit gepacktem Rucksack. Das hieß, dass wir an die Front mussten. Es war eiskalt. Wir standen zitternd in einer Reihe, und plötzlich fragte ein Offizier, ob jemand ein Instrument spielte.

Ich zögerte. Mein Vater hatte mir zwei Jahre zuvor eine Klarinette geschenkt, auf der ich seitdem immer wieder stundenlang geübt hatte. Aber ich konnte natürlich noch nicht sehr gut spielen. Und vor allem hatte ich keine Ahnung, was die Frage des Offiziers bedeuten konnte.“

Paule machte eine Pause. Er schien die Bilder von damals wieder vor sich zu sehen.

„Ich meldete mich trotzdem. Ein paar Minuten später musste ich in einer Baracke vorspielen. Ich spielte genau dieses Stück, das einzige, das ich auswendig konnte. Mit kalten Fingern, auf einer Klarinette, die völlig verstimmt war. Als ich fertig war, sahen sich die drei Herren an, wahrscheinlich nur einen Augenblick lang, aber mir kam es wie eine Ewigkeit vor.“

„Na, und dann?“

„Dann? Dann nickten sie.“

„Und was bedeutete das?“

Paule grinste.

„Ich kam in eine kleine Stadt nach Norwegen, zum Musikkorps einer Reservetruppe, und ich weiß bis heute nicht, was wir da sollten. Mit dem idiotischen Krieg hatten wir jedenfalls nichts

mehr zu tun. Anstatt zu marschieren und zu schießen, übten wir jeden Tag ein paar Stunden mit der Militärkapelle. Wir probten, aber wofür, und für wen, ich habe keine Ahnung, und ich habe auch nicht gefragt. Wir waren einfach nur froh, nicht an die Front zu müssen. Und das Musizieren hat natürlich Spaß gemacht. Mit den Leuten in der Stadt arrangierten wir uns. Sie verstanden, dass wir Musiker waren und Soldaten, aber keine Nazis. Sie kamen manchmal, um uns zuzuhören. Wir befreundeten uns sogar ein wenig. Und an den freien Tagen fuhren wir Ski. Wie Zivilisten. Eigentlich eine schöne Zeit", schloss Paule, „aber ich weiß, dass ich Glück gehabt habe, verdammtes Glück."
Jetzt musste ich lächeln. Eine gute Geschichte aus dieser schrecklichen Zeit. Nur eine Ausnahme, aber immerhin.

So waren Pauls Geschichten. Immer wieder habe er Glück gehabt.
Nach dem Krieg hielten ihn die Amerikaner auf der Straße an und zeigten auf sein Fahrrad. Deshalb dachte er zuerst, dass sie es konfiszieren wollten. Aber dann stellte sich heraus, dass sie einen Postboten brauchten, einen kräftigen Fahrradfahrer für größere Distanzen, weil viele Straßen für Autos noch nicht passierbar waren. So bekam er seinen ersten Job nach dem Krieg.
„Das war kein leichtes Brot, aber das Radfahren hat mir immer eine Menge Spaß gemacht", lachte Paul. „Du bist an der frischen Luft, du siehst viel, und du hast Zeit nachzudenken."
Er hielt inne.
„Vor allem damals, als es noch kaum Autos gab und kaum Verkehr auf den Straßen. Da war das Fahrrad noch ein Transportmittel und keine Sportart wie heute."

Auch als er später wieder in der Fabrik arbeitete, fuhr er immer mit dem Fahrrad, alleine oder mit seinem Freund Konrad, den er vom Musizieren kannte. Zwölf Kilometer hin und zwölf zurück.

„Natürlich ist das anstrengend“, sagte er verschmitzt, „aber dafür musst du am Abend nicht mehr zum Joggen in den Park und auch nicht ins Fitness-Studio. Ich pfeife auf die Autos. Ich habe keinen Führerschein, und ich habe nicht das Gefühl, dass ich was versäumt habe.“

Er schmunzelte.

„Mein Gott“, sagte er, „jetzt rede ich solches Zeug und spreche vielleicht mit einem begeisterten Autofahrer. Und jetzt sind Sie beleidigt.“

Ich musste lachen. Ich erzählte ihm, dass ich zwar einen Führerschein aber kein Auto hatte. Zur Zeit allerdings auch kein Fahrrad, weil ich erst vor kurzem nach Berlin gezogen war. Aber ich wollte mir bald eines besorgen.

„Schon gut“, lachte er nur, „am Ende muss das sowieso jeder selbst wissen, was er tut und was er sein lässt. Das hat doch schon Friedrich der Große gesagt: Jeder soll nach seiner Façon glücklich werden.“

So war Paul.

Er erzählte von seinen Erfahrungen, aber ohne zu belehren, ohne den erhobenen Zeigefinger für die Jugend. Seine Anekdoten hatten Witz und kaum eine Moral. Die einzige Moral war dieser Humor, den man nicht verlieren durfte.

Einmal fragte ich Paule, was denn eigentlich aus seiner Klarinette geworden sei.

„Ja“, sagte er, „meiner Klarinette bin ich natürlich treu geblieben. Nach Norwegen spielte ich ein paar Jahre in einer Jazz-Band. Dort lernte ich übrigens auch Konrad kennen, der

dann später mit mir in der Fabrik arbeitete. Wir spielten auf Festen und manchmal in einem Club. Später ging das nicht mehr, wegen der Arbeit.
Also spielte ich nur noch ab und zu abends zu Hause. Aber nicht sehr oft. Klar, für meine Frau war das ein bisschen zu laut. Auch für die Nachbarn. Sie kennen ja diese strengen Regeln in den Mietshäusern hier: nach acht Uhr keinen Lärm mehr. Irgendwann haben sie sich beschwert."
Paule zuckte mit den Schultern und fuhr dann fort:
„Als Rentner hatte ich dann wieder genug Zeit. Aber ich habe kaum mehr zu Hause gespielt."
Er lächelte.
„Wissen Sie, was ich gemacht habe, in den letzten Jahren? Ich habe die Klarinette eingepackt, bin aufs Rad gestiegen und an den Schlachtensee gefahren. Dort habe ich mich ans Ufer gesetzt und gespielt. Manchmal sind ein paar Leute stehen geblieben und haben sich dazugesetzt. Und ein paar Mal ist auch Konrad gekommen und hat mitgemacht. Mit dem Akkordeon oder der Geige. Das war ein Spaß!"
Ich sagte zu Paule, dass ich das nächste Mal gerne mitkommen würde. Paule schüttelte leicht den Kopf.
„Jetzt reden Sie auch schon wie der Arzt, wird schon wieder gut, wird schon wieder gut. Aber es wird nicht mehr gut. Verstehen Sie? Seit ein paar Monaten zittern meine Hände immer mehr. Ich habe es anfangs noch versucht, aber ich kann nicht mehr spielen. Es ist zwecklos."
Er hielt einen Moment inne.
„Ich habe die Klarinette auch gar nicht mehr. Ich habe sie Konrad gegeben."
Ich wollte etwas sagen, aber Paule sprach ganz ruhig weiter.
„Und neulich bin ich vom Rad gestürzt. Das war auch nicht das erste Mal."

Er sah mich an.
„Sehen Sie, die Sachen, die Spaß gemacht haben, sind einfach vorbei. Und es ist eine schöne Zeit gewesen. Was soll es also noch? Und wenn es jetzt zu Ende geht, dann ist es doch gut so. Ich kann mich nicht beschweren. Es ist gut so."

Ein paar Tage später fuhr ich nach Neukölln zu der angegebenen Adresse. Auf dem Türschild suchte ich nach ‚Paul', aber es waren fast immer nur die Familiennamen angegeben. Mein Gott, für mich war er der Paule, ich hatte nie nach seinem Nachnamen gefragt.
Auf einem Schild stand ‚P. Seiler'. Also klingelte ich dort. Ich wartete. Keine Antwort. Ich überlegte schon, einfach irgendwo zu klingeln und nach Paule zu fragen. Aber dann plötzlich knackste die Sprechanlage.
„Kommen Sie rauf", sagte eine Stimme, „sechster Stock links."
Es war die Stimme vom Telefon.
Oben stand die Tür bereits offen. Ich klopfte und trat ein. Eine enge, finstere Wohnung, vollgestellt mit altmodischen Möbeln, die Wände bedeckt mit Fotografien. Der scharfe Geruch von Putzmittel. Mittendrin die alte Frau mit einem Lappen in der Hand.
„Wenn Sie einen Moment warten," sagte sie, „ich bin gleich fertig."
In der Küchentür drehte sie sich noch einmal um und zeigte auf die Fotos.
„Sie können sich ja ein wenig umsehen, wenn Sie wollen."
Erstarrte Erinnerungen: Familienbilder, Gruppenfotos, ein Passbild mit Paule in Uniform. Ich suchte nach der Klarinette, aber nirgends ein Bild, auf dem Paule sein Instrument spielte. Nichts von diesen lebendigen Geschichten, die er erzählt hatte, nichts von seinem Lachen, nichts von seiner dunklen, heiseren

Stimme. All das fehlte auf den Fotos. Das war nicht Paule. Nicht für mich.
„Gefallen sie Ihnen?“, hörte ich die Stimme der Frau dicht hinter mir.
Ich zögerte einen Augenblick.
„Na ja, ganz interessant.“
Oh Gott, dachte ich einen Moment, sie will mir vielleicht ein paar Fotos schenken, zur Erinnerung an Paul. Mir, weil sonst niemand da war, der sich erinnern könnte.
„Er hat die Fotos gar nicht gemocht“, sagte sie plötzlich, „er hat sich kaum fotografieren lassen und hatte auch keine Lust, Fotos anzusehen. Da ist er immer ein bisschen seltsam gewesen.“
Sie zuckte mit den Schultern.
„Kommen Sie, ich soll Ihnen doch etwas geben.“
Ich atmete auf. Also keine Fotos. Sie führte mich in ein anderes Zimmer. Auch hier war es dunkel, und die Möbel waren zum Teil mit Tüchern zugedeckt. Der Raum wirkte verlassen, als ob hier niemand mehr wohnen wollte. Vielleicht will sie mir ein Möbelstück schenken, einen Tisch oder einen Schrank, schoss es mir durch den Kopf. Sie braucht die Sachen hier nicht mehr. Und Paule hatte ihr vielleicht gesagt, dass ich Student war und erst vor kurzem nach Berlin gezogen war. Aber ich wollte nichts von diesen Möbeln.
Sie machte ein paar Schritte in den Raum und zog das Tuch von einem Gegenstand. In der Dunkelheit sah ich etwas metallisch blitzen. Plötzlich läutete eine mechanische Klingel hell und laut durch das Zimmer, und einen Moment später ging endlich ein Licht an.
Die Alte lächelte zum ersten Mal. Vor ihr stand ein großes, wunderschönes altes Fahrrad.
„Mit dem ist er schon als Postbote nach dem Krieg herumgefahren“, sagte sie, „aber es funktioniert immer noch

perfekt. Paul hat es immer sehr gepflegt."
Sie klingelte noch einmal, als ob allein die Klingel das beweisen würde.
Aber das Klingeln tat gut. Es hatte etwas angenehm Lebendiges in dieser leblosen Stille, fast wie Musik. Ich nahm das Fahrrad in die Hand, rollte es ein Stück und klingelte nun selbst. Da waren Pauls Geschichten wieder, seine Touren und Ausflüge.
„Paul wollte unbedingt, dass ich es Ihnen gebe. Als er vor ein paar Monaten seine Klarinette verschenkte, war das schon ein Zeichen, dass es ihm schlecht ging. Und als er vorletzte Woche im Krankenhaus sagte, dass ich Ihnen das Fahrrad geben sollte, wusste ich, dass es bald aus sein würde."
Sie zuckte wieder mit den Schultern.
„Ich weiß nicht, ob Sie es wirklich brauchen können."
„Und wie ich es brauchen kann," sagte ich, „und ich werde dabei an Paule denken."
„Sehen Sie, und ich bin froh, dass es weg ist. Es ist sowieso zu voll hier."

Im Treppenhaus drehte ich mich noch einmal um.
„Und am Wochenende werde ich an den Schlachtensee hinausfahren und dort eine Runde drehen. So wie er es immer gemacht hat."
Sie nickte.
„Ja, ja, wie Sie wollen", sagte sie und schloss vorsichtig die Tür.

Der Tag, an dem die Welt unterging

Niemand weiß, wie er auf diese Idee gekommen ist.
In seinem Büro, aus dem er plötzlich gestürmt war wie von der Tarantel gestochen, hat man nichts gefunden. Keinen Brief, keine Erklärungen. Auf dem Tisch die Scherben einer Tasse in einer Pfütze von schwarzem Kaffee. Daneben eine Zeitung vom Tag davor.
In einer Schublade lag das Wirtschaftsbuch. Keine roten Zahlen, eine gute Bilanz.
Alles schien in Ordnung.

An jenem Morgen hatte Jakob Schmitz, Besitzer der Papierfabrik ‚Schmitzens', plötzlich sein Büro verlassen.
Das war an sich nichts Besonderes. Jakob Schmitz verließ oft am späten Vormittag sein Büro, schloss es sorgfältig hinter sich ab und drehte eine Runde durch die Firma.
Aber diesmal ging er nicht, nein, er rannte, als ob es um sein Leben ginge.
Es ging auch um sein Leben, aber das konnten wir, seine Arbeiter und Angestellten, da noch nicht wissen.
Wir liefen ihm nach, den ganzen Weg ins Dorf hinunter. Erst auf dem Marktplatz konnten wir ihn festhalten.
„Lasst mich", sagte er leise, „morgen geht die Welt unter, und ich habe noch so viel zu tun."
Wir sahen uns an und ließen ihn zögernd los. Er hob seinen Hut auf und klopfte den Staub ab. Dann sagte er leise „Danke", als sei er gestürzt, und wir hätten ihm wieder auf die Beine geholfen.
Wir warteten auf Erklärungen. Immerhin war gerade der Fabrikbesitzer Jakob Schmitz wie ein Wahnsinniger von seiner Fabrik herunter durch das halbe Dorf gerannt und hatte etwas von ‚Weltuntergang' gesagt.

Aber es kamen keine Erklärungen. Jakob Schmitz nickte nur kurz in die Menge, die sich inzwischen gebildet hatte, wandte sich der Dorfstraße zu und ging langsam davon. Nach ein paar Schritten drehte er sich noch einmal um. Sein Blick ging suchend hin und her und blieb schließlich bei mir stehen:
„Harry", sagte er, „bitte sagen Sie allen Leuten, sie sollen hierher auf den Platz kommen. Ich möchte etwas sagen. Es ist dringend, sehr dringend."
Er sah auf die Uhr.
„In zwei Stunden. Um eins. Zwei Stunden brauche ich noch."
„Aber Herr Direktor", wagte ich zu sagen, „um ein Uhr essen die Leute. Um halb zwei müssen die meisten doch schon wieder in der Fabrik sein. Die Maschinen laufen auf Hochtouren, wir haben alle Hände voll zu tun."
Jakob Schmitz sah mich an, als ob er meine Worte nicht verstehen würde.
„Ach was", sagte er, „niemand arbeitet heute für mich. Niemand wird mehr für mich arbeiten."
Er wandte sich wieder um und ging langsam ein paar Schritte weiter, eine Hand an der Stirn. Dann fing er wieder an zu laufen.
Wir sahen uns betroffen an. So etwas hatten wir noch nicht erlebt. Und ausgerechnet Jakob Schmitz, dieser ernste, strenge Herr, der vor einigen Jahren als neuer Besitzer unserer alten Fabrik ins Dorf gekommen war.
Sicher, wir liebten ihn nicht. Er war zu distanziert, zu kühl. Außerdem erinnerten sich die meisten von uns an diese ungeklärte Geschichte vor drei Jahren. Aber das war schließlich seine Privatsache. Als Chef hatten wir Respekt vor ihm. Er war hart, er verlangte viel von uns, aber er war gerecht. Meistens jedenfalls. Und er gab dem halben Dorf Arbeit.

Am Anfang, als er noch nicht allein war, war es noch ein wenig anders gewesen. Da war er ab und zu mit seiner Frau in unsere Bar am Marktplatz gekommen, hatte sich an die Theke gestellt und uns fast freundschaftlich gegrüßt. Manchmal flüsterte ihm seine Frau etwas ins Ohr. Er nickte dann zustimmend, gab Fred hinter der Theke ein Zeichen und spendierte eine Lokalrunde. Wir tranken auf ihr Wohl. Ein paar Mal setzten sich die beiden sogar zu uns an den Tisch.
Wir mochten diese Frau, die sich zwar nur selten im Dorf blicken ließ, aber dann immer sehr freundlich war. Sie war nicht von hier, niemand kannte sie.

Das war nun schon ein paar Jahre her, und als Jakob Schmitz an diesem Morgen wie ein Verrückter durch die Straßen lief, hatten wir ihn schon lange nicht mehr in der Bar gesehen. Wir schauten ihm hinterher und sahen noch, wie er in der Bank verschwand.
Als um kurz vor eins tatsächlich eine große Menge von Leuten auf dem Platz zusammenkam, waren bereits die unglaublichsten Gerüchte im Umlauf.
Es hieß, Jakob Schmitz habe in der Bank sein ganzes Geld abgehoben, eine riesige Summe, und habe innerhalb von zwei Stunden alles ausgegeben.
Ausgegeben? Verschenkt, alles verschenkt!
Es hieß, er sei in die Fabrik zurückgelaufen und habe alle Arbeiter von den Maschinen gescheucht, dabei habe er „Aufhören!" gerufen und „Schluss jetzt" und „Darauf kommt es jetzt nicht mehr an". Dabei habe er Geldscheine verteilt und sogar den einen oder anderen Arbeiter herzlich in den Arm genommen.
„Verzeiht mir", habe er geflüstert, „ich weiß, es ist spät, aber verzeiht mir doch!"

Und dann, als alle aufgestanden waren und verständnislos vor ihm standen, soll er gebrüllt haben: „Was vergeudet ihr hier noch eure Zeit? Geht nach Hause, küsst eure Frauen, umarmt eure Kinder!“ Und mit diesen Worten habe er sie aus der Fabrik gejagt.
Er selbst sei dann auch wieder ins Dorf zurückgelaufen, ohne die Maschinen abzustellen, ohne die Lichter zu löschen, ohne das Tor abzusperren.
Im Dorf habe er dann die Prozedur in Geschäften und Wohnhäusern fortgesetzt, diesmal ohne Geldgeschenke, aber mit vielen Umarmungen und flehenden Bitten um Verzeihung. Dabei machte er offenbar keine Unterschiede: Nachbarn, Geschäftspartner, Bekannte, Unbekannte, alle kamen an die Reihe. Ja, es hieß sogar - und das war das Unglaublichste - er sei bei Fred gewesen.
Bei Fred in der Bar. Zum ersten Mal seit drei Jahren hatte Jakob Schmitz die Bar wieder betreten, zum ersten Mal seit dieser Geschichte mit seiner Frau.

Wie gesagt, wir hatten sie sehr gemocht, seine Frau. Sie war immer freundlich und hatte gute Laune, wenn wir sie in der Bar sahen. Das war alles, oder fast alles. Es stimmte wohl, dass sie manchmal zu Fred hinübersah, aber diese Blicke reichten nicht einmal für ein Gerücht. Ob ihr Mann etwas davon bemerkte, ist schwer zu sagen.
Ihre Besuche in der Bar wurden jedenfalls immer seltener. Er wirkte immer ungeduldiger und wollte immer früher nach Hause. Sie ging immer mit.
Und dann kam Jakob Schmitz eines Abends allein in die Bar. Er sah sich kurz um, nickte uns zu und ging wortlos hinaus.
Fred stand an diesem Abend nicht hinter der Theke.

Jakob Schmitz machte kurzen Prozess. Am nächsten Morgen musste seine Frau das Haus verlassen. Er schickte sie einfach fort.
„Ich will dich hier nie wieder sehen!“, soll er ihr noch hinterhergebrüllt haben.

Was wirklich passiert war, haben wir nie erfahren. Jakob Schmitz saß jedenfalls in seinem Büro, las die Zeitung und trank seinen Kaffee, als ob nichts geschehen wäre. Er hat seitdem nie mehr von seiner Frau gesprochen. Und sie tauchte auch nicht mehr auf.
Fred trocknete weiter seine Gläser ab und sagte nur, es sei schade, dass diese wunderbare Frau nicht mehr in die Bar käme.
Welche Gedanken sich Jakob Schmitz seither zu der Sache machte, ist unbekannt. Tatsache ist, dass er die Bar mied. Selbst um den Marktplatz machte er einen großen Bogen, wenn er von seinem Haus durch das Dorf zur Fabrik hinaufging. Er nahm die engen, dunklen Gassen unterhalb des Marktplatzes, an den verlassenen Häusern vorbei, frühmorgens und spätabends, so dass man ihn im Dorf kaum mehr zu Gesicht bekam.
Das ist alles, was wir von dieser Geschichte wissen. Zu wenig, um Jakob Schmitz zu verurteilen. Und wie gesagt, er gab uns die Arbeit.
In der Bar unten vermisste ihn allerdings niemand.

An jenem Tag jedoch stand Jakob Schmitz plötzlich wieder da. Außer zwei oder drei Männern war die Bar leer. Es war erst später Vormittag, Fred spülte noch die Kaffeetassen vom Frühstück. Er sah kurz auf, runzelte die Stirn und unterbrach seine Arbeit. Dann fragte er Jakob Schmitz, was er trinken wolle.

„Ich will nichts trinken", antwortete Jakob Schmitz, „ich will, dass du mir vergibst."
„Ich habe Ihnen nichts zu vergeben", sagte Fred ohne eine Miene zu verziehen.
Die Zeugen berichten, dass Jakob Schmitz daraufhin auf die Knie gesunken sei, mit gefalteten Händen, und „doch" gebrüllt habe, „doch, doch, doch!" Dann sei er aufgesprungen und habe versucht, Fred über die Theke hinweg an den Schultern zu packen und zu umarmen, so ungestüm, dass das Spülwasser dabei hoch aufgespritzt sei.
Bis Fred endlich gesagt habe: „Beruhigen Sie sich, ich verzeihe Ihnen."
Erst da ließ Jakob Schmitz los, sagte leise „danke" und ging zur Tür. Dort drehte er sich noch einmal um und sagte:
„Fred, ich habe das ganze Dorf um ein Uhr hierher auf den Marktplatz bestellt. Hol ein Fass aus dem Keller und stell alles, was du zu essen hast, auf die Tische. Ich bezahle alles."
Mit diesen Worten warf er ihm einen dicken Packen Geldscheine zu und Fred fing ihn mit seinen nassen Händen auf.

Als wir auf den Platz kamen, war alles schon bereit. Fred hatte sich alle Mühe gegeben. Die Fenster der Bar waren weit geöffnet, und draußen auf dem Platz standen viele Tische. Sie waren mit weißen Papiertüchern gedeckt, darauf große Teller mit Broten und Krügen voll Wein.
Endlich kam Jakob Schmitz, verspätet, was sonst nicht seine Art war.
Einige Leute wollten aufstehen, aber Jakob Schmitz schüttelte energisch den Kopf und stieg auf einen Stuhl. Alles Flüstern verstummte, gespannte Stille lag über dem Platz. Das Rätsel von dem ominösen Weltuntergang würde sich jetzt lösen.

Aber es löste sich nicht.
„Liebe Freunde“, sagte Jakob Schmitz unbeirrt, „morgen wird die Welt untergehen. Wir haben nur noch wenig Zeit, um uns vorbereiten.
Ich weiß, man kann in so kurzer Zeit nicht alles nachholen, was man so viele Jahre versäumt hat. Aber ein paar Dinge lassen sich vielleicht noch regeln, ein paar offene Rechnungen begleichen. Deshalb habe ich euch hierher eingeladen, damit ihr zusammen noch einmal esst und trinkt und feiert. Es soll ein Abschiedsfest werden, bei dem ihr Gelegenheit habt, noch einmal zu tun, worauf es ankommt.
Wer gestritten hat, soll sich hier wieder in die Augen sehen. Wer im Stillen Gedichte geschrieben hat, soll sie nun vortragen. Wer heimlich verliebt ist, soll es endlich bekennen.
Ich habe oben in der Fabrik wohl vieles falsch gemacht. Ich bin kleinlich gewesen, ich habe immer nur die Fabrik und den Gewinn im Sinn gehabt. Aber was ist schon Geld und Gewinn? Ich bereue das, und ich hoffe, ihr könnt mir verzeihen. Wir werden uns nicht mehr wiedersehen. Adieu.“
Mit diesen Worten sprang Jakob Schmitz von seinem Stuhl und lief davon, fast so hastig wie er am Morgen aus der Fabrik gelaufen war.
Wir blieben zurück. Einen Moment herrschte Stille, dann kam Bewegung in die Menge. Einige zuckten mit der Schulter, andere lachten, andere schüttelten den Kopf. Was für ein Auftritt! Was war nur los mit Jakob Schmitz?
Ein Anfall, eine plötzliche Verwirrung, da waren sich die meisten einig.
Eine Sache jedenfalls, für die sich Jakob Schmitz reichlich schämen musste, sobald er wieder einen klaren Kopf hatte.
Na ja, uns konnte das erst einmal recht sein. Wir hatten einen freien Nachmittag mitten in der Woche. Vor uns standen gedeckte Tische und volle Karaffen. Ein unverhoffter Festtag!

Also begannen wir zu essen und zu trinken und zu reden.
Ein Dorffest, das hatte es schon lange nicht mehr gegeben.
Einige holten sogar Instrumente und spielten zum Tanz. Bald drehten sich viele Paare auf dem Dorfplatz, und die anderen klatschten begeistert mit.
Am nächsten Tag, da waren wir uns ziemlich sicher, würde alles wieder ganz normal sein. Wir würden in die Fabrik gehen, Jakob Schmitz würde in seinem Büro sitzen bei einem Kaffee und der Zeitung, und würde so tun, als ob nichts gewesen wäre. Und wir würden unsere Arbeit tun. Die Geschehnisse des heutigen Tages würden ihm natürlich peinlich sein, dieser pathetische Amoklauf, diese weinerlichen Umarmungen, diese lächerliche Prophezeiung, bei der wir uns alle fragten, wie er darauf gekommen war.

Aber noch am Nachmittag, teilte der Rechtsanwalt mit, dass die Papierfabrik gar nicht mehr Jakob Schmitz gehörte. Von dieser Welt, die morgen unterginge, wolle er nichts mehr besitzen, habe Jakob Schmitz gesagt.
Er nahm es mit dem Weltuntergang noch ernster, als wir gedacht hatten. Sollten wir am nächsten Tag nicht wie gewohnt zur Arbeit gehen? Ging es nicht weiter wie bisher?

Was Jakob Schmitz an jenem Nachmittag gemacht hat, werden wir wohl nie genau erfahren.
Wir blieben alle zu Hause. Gegen Abend zog sich ein Gewitter über dem Dorf zusammen. Ein Zeuge berichtete später, er habe Jakob Schmitz spätnachts zurückkommen sehen, vom Regen völlig durchnässt.
In dieser Nacht haben wohl die wenigsten gut geschlafen.
Natürlich glaubten wir nicht, dass sich die Prohezeihung erfüllen würde. Aber wir konnten uns auch nicht vorstellen, am

nächsten Tag einen besitzlosen, lächerlichen Jakob Schmitz vor uns zu haben.
Als wir aus unruhigen Träumen erwachten, stand eine klare Sonne über den hellroten Dächern und versprach einen strahlenden Spätsommertag.
Wir rieben uns die Augen, der Vortag erschien uns so fern und unwirklich. Gegen halb neun gingen wir wie gewöhnlich zur Fabrik hinauf.
Sicher saß Jakob Schmitz wie immer in seinem Büro und würde uns mit ernster Miene und kurzem Gruß das Fabriktor öffnen.

Aber er war nicht da.
Das Fabriktor stand offen, die Lampen brannten, und die Maschinen liefen immer noch. Alles war so, wie wir es gestern so plötzlich verlassen hatten.
Nur Jakob Schmitz war nicht da, nicht in der Fabrik und auch nicht zu Hause, wie sich kurz darauf herausstellte.
Irgendwie waren die Leute enttäuscht. Alle hatten sehen wollen, wie er sich aus der Affäre ziehen würde. Er versteckt sich, oder er ist einfach davongelaufen, das war unsere Erklärung. Wir konnten nichts tun. Also gingen wir in die Bar und warteten ab.

So erklärt sich, dass man ihn erst gegen Mittag fand, in einer der engen Gassen, nicht weit vom Marktplatz. Er lag in einer Blutlache, neben ihm ein zerbrochener Ziegelstein. Er war schon seit einigen Stunden tot, wie der Arzt feststellte.
Ich gebe zu, dass wir alle zuerst an einen Selbstmord dachten. Aber es war kein Selbstmord. Ein Dachziegel, wahrscheinlich vom Gewitterregen gelöst, war von einem der eingefallenen Häuser gestürzt. Ein Unfall also, nichts als ein dummer Unfall.

Die Gasse lag übrigens auf dem Weg zur Fabrik. Es sah so aus, als ob Jakob Schmitz an diesem Morgen wie immer zur Fabrik hinaufgehen wollte.

Der Hundetraum
und andere Verwirrungen

Inhalt der Audio-CD:

1 *Die Sprecher*

2 Der Hundetraum

3 Der Autostopper

4 Nofretete ist weg

5 Die Frau in der Bar

6 Die Pfefferminzfrau

7 Beginn einer Liebesgeschichte

8 Paule